以铜为镜，可以正衣冠；
以史为镜，可以知兴替；
以人为镜，可以明得失。
——唐太宗

方北辰 著

历史不可戏说

袁绍

庶出的盟主

北京大学出版社
PEKING UNIVERSITY PRESS

图书在版编目(CIP)数据

袁绍:庶出的盟主/方北辰著.—北京:北京大学出版社,2013.3
ISBN 978-7-301-22088-7

Ⅰ.①袁…　Ⅱ.①方…　Ⅲ.①袁绍(？—202)-传记
Ⅳ.①K827＝36

中国版本图书馆 CIP 数据核字(2013)第 026293 号

| 书　　　　名：袁绍——庶出的盟主
| 著作责任者：方北辰　著
| 责　任　编　辑：张　晗
| 标　准　书　号：ISBN 978-7-301-22088-7/K·0938
| 出　版　发　行：北京大学出版社
| 地　　　　址：北京市海淀区成府路 205 号　100871
| 网　　　　址：http://www.pup.cn　新浪官方微博:@北京大学出版社
| 电　子　信　箱：pkuwsz@yahoo.com.cn
| 电　　　　话：邮购部 62752015　发行部 62750672　出版部 62754962
| 编辑部 62767315
| 印　　刷　者：北京大学印刷厂
| 经　　销　者：新华书店
| 880mm×1230mm　A5　6.375 印张　146 千字
| 2013 年 3 月第 1 版　2013 年 3 月第 1 次印刷
| 印　　　　数：1—8000 册
| 定　　　　价：24.00 元

未经许可,不得以任何方式复制或抄袭本书之部分或全部内容。
版权所有,侵权必究
举报电话:010-62752024　电子信箱:fd@pup.pku.edu.cn

北京增订版自序

袁绍字本初,东汉末年起兵群雄的盟主,曹操创业进程中的最强劲的对手。他出自东汉名列全国第一的高门华族,先辈四代都是朝廷顶级高官,门生下属遍布天下。他一度拥有北方大部分地域和众多人口,总体实力一度也傲视天下。可惜命运弄人,赐予他绝对优势的资源,却不一定赐予他绝对的成功;成不成功,要由他通过提升自己去争取。然而他没有认真提升自己,只想坐吃家传老本,动辄就夸口咱家门第如何如何。于是,他表现出严重的二元化人格,行事总是相互矛盾:广纳人才但又不加重用,勤听谋略但又不予实施,独揽大权但又优柔寡断。归总一句话:志大但又才疏。他下场极为悲惨,本人忧恐而死,儿子自相残杀,媳妇也成了别人的战利品。他提供的可贵鉴诫是,不论家世如何,即使是天下第一豪门,不能警醒自己努力上进,都可能有失败那一天。还有就是千万不要眼高手低,才疏偏还志大,到处牛气冲天,否则就会徒惹人笑。本书描绘了他作为盟主号召天下的外表金玉风光,也记录了他纨绔子弟目空一切的内里败絮品质。总之,这是一部高门盟主的伤心史。

本书是具有坚实学术基础的普及性读物;读者对象,主要是对历史文化颇感兴趣的广大普通读者。三国之史变化多端,以其为镜更可以知兴替;三国之人竞争激烈,以其为镜更可以明得失。以三国之人贯穿三国之史,融合人镜、史镜于一体,从而鉴古知今,鉴彼知我,是本书写作的动机。精心选取史学的真实素材,放手运用文学的生动笔法,将二者做有机、有趣的结合,则是本书写作的原则。真实严谨,但又不像学术著作那样艰深枯涩;生动灵转,但又不像戏说文字那样虚假无根。摆脱繁琐考证,拒绝随意穿越,追求简洁、流畅、温润、机趣,雅与俗共赏,老中青咸宜。

此书最初在1991年12月由台北群玉堂出版公司出版,获得海峡彼岸读者好评。当时,我在台湾出版了刘备、孙权、曹丕、袁绍、吕布、司马懿的新传系列。之所以选择此六人着笔,一是无人写,他们的白话专传系列还全都是空白。二是值得写,都是重量级人物不说,而且其活动涵盖三国各个时段,出身、个性、身份、行事等更是各具特色。袁绍、吕布,为酝酿阶段拉开三国序幕的割据群雄代表;刘备、孙权、曹丕,为正式阶段的开朝皇帝;而司马懿,则是衰落阶段终结三国竞争的先行者。有老有少,有南有北,有文有武,有优有劣,有高门贵胄,有草根平民,代表性非常广泛。通过他们,可以纵观三国风云的整体进程和千姿百态,行文走笔时也充满愉悦之感。二十年后,重视学术普及的北京大学出版社,邀约本人一并增订六本传记,同时出版,这是一种翰墨机缘,也是本人在史学普及方面的继续努力。

与台北初版相比,北京增订版的新特色,主要有如下五点:第一,近二十年来,本人在三国历史文化研究方面,又取得不少新成果,都将其改用生动有趣的文字,融入到各传当中,以提高其水准。例如刘备传中诸葛亮"观其大略"读书方法的深刻文化背景,他何以会对刘备的来访异常感动,刘备的遗体究竟安葬在何处,曹丕传中"鸡肋"与杨修被杀的真正原因,等等。第二,为了给读者提供更宽广的知识背景和更丰富的文化营养,又特别增加了"三国小百科"的内容设计。小百科分为六个部分,即概况篇、政体篇、军事篇、人物篇、风俗篇、轶闻篇,分别安置在六本传记的正文后面。每一篇当中,又分为若干条,分别介绍三国时期相应的有趣知识。结合传的内容去读小百科,读了小百科再回头去读传,将深度与广度相结合,一定会有更加可喜的收获。第三,将各本传记中古代重要地名所对应的现今地名,全部使用最新而且最权威的2011年版《中华人民共和国行政区划简册》,逐一进行补充和更新,从而使读者能够对历史事件的发生地,有更加准确清晰的认识。第四,全部六本传记的各章结尾,增加了一对七言古体诗句,提炼本章内容的精华,为全书风格增添文彩。第五,全部六本传记,都配齐了传主的"大事年表",以醒目的表格方式,将其一生的重大事件,清晰展现在读者面前。

　　我在大学从事三国历史文化的教学和研究,至今已有三十余年。因为深知学术普及的重要,所以坚持不懈;也因为深知学术普及的不易,所以锐意求新。谢谢你能关注这本小书,如果它能够帮你吸取借鉴而开启智慧,为明天的竞争增加一点点能量,或者能够使你兴趣盎然而会心一笑,为今天的歇息纾解一点点压力,那就非常之欣慰了。

方北辰
公元2012年暮春3月于成都濯锦江畔双桐荫馆

台北初版自序

关于三国名人传记,我已经写了孙权、刘备、曹丕和司马懿,现在轮到袁绍了。

前面四本传记,描写孙仲谋如何立国江东,刘玄德如何称帝西蜀,曹子桓如何开创魏氏王朝,司马仲达如何奠定晋室基业,都可以说是在叙述成功者的故事。但是,这本《袁绍传》则不然。

《袁绍传》写的是一个失败者的悲剧。袁本初出自海内第一名门,又以讨伐董卓联军盟主的身份雄踞河北四州之地,乃是东汉末年逐鹿群雄之中,声望最高、实力最强的一位。就连后来开创了三分鼎立之局的曹孟德和刘玄德,当初也曾受到他的庇护和提携。他在政治上本有取代汉室自立新朝的条件和力量,如果成功,岂有曹孟德号令天下的机会?但是,由于他的骄傲,他的固执,他的忌刻,他的脆弱,他失败了,而且失败得很快很惨。

成败不足以论英雄,本书读者们如果能在《袁绍传》中有所得的话,岂非幸事!

我们现代人未必不会犯古人曾犯的毛病。如果你愿意"以古为镜",不妨翻一翻这本小书。

方北辰
公元1991年元旦于濯锦江畔自得书斋

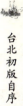

目 录

北京增订版自序 ……………………………………… (1)
台北初版自序 ………………………………………… (1)

一　高门贱子 ………………………………………… (1)
二　游侠洛都 ………………………………………… (10)
三　禁军统领 ………………………………………… (20)
四　诛锄宦官 ………………………………………… (30)
五　悬节出京 ………………………………………… (44)
六　结盟讨董 ………………………………………… (54)
七　巧夺冀州 ………………………………………… (63)
八　界桥大战 ………………………………………… (73)
九　邺城变起 ………………………………………… (84)
一〇　坐失良机 ……………………………………… (94)
一一　袁曹生隙 ……………………………………… (104)
一二　血洗易京 ……………………………………… (115)
一三　兴师攻许 ……………………………………… (124)
一四　纵横捭阖 ……………………………………… (132)

一五　初战折将 …………………………………………（142）
一六　官渡鏖兵 …………………………………………（152）
一七　邺城末日 …………………………………………（163）
一八　身死之后 …………………………………………（172）

附录一　袁绍生平大事年表 ……………………………（182）
附录二　三国小百科·人物篇 …………………………（188）

一　高门贱子

大约是东汉灵帝熹平五年（176）的暮春时节，中原大地黍稷离离，草木葱葱。

从兖州东郡濮阳县（今河南省濮阳县），通往豫州汝南郡汝阳县（今河南省周口市西南）的官道上，一队车马正在向南疾驰。

濮阳距汝阳有六百里之遥。这队车马三天前自濮阳出发，一路晓行夜宿，已经赶了五百多里的急路，现在即将进入汝南郡的郡界。

这队车马的主人，是一位已满二十岁的青年官员。他身高约有七尺五寸（合今一米八左右），容貌英俊，风度翩翩。他骑在领头的一匹纯白塞外骏马之上，也不与左右十余名侍从言语，只是不停地挥动手中那柄镶金嵌玉的马鞭。

官道上的行人望见这队威风凛凛的车马，都远远避在路旁观看。目送着远方腾起的黄尘，一些见多识广的老者向路人说道："是袁家公子回老家奔丧来了！"

所谓袁家公子是谁？他风尘仆仆赶回老家又是奔谁的丧？且听一一道来。

这位青年官员姓袁，名绍，字本初，就是这豫州汝南郡汝阳县人氏。东汉以来，讲究门第阀阅之风日益盛行。而门阀的高低，主要取决于先世的官位是否连续和显赫，同时也兼及家学渊源，特别是儒学渊源如何。这汝南袁氏，则是当时数一数二的高门名家。论其先世官位，袁家先祖有四代人做过三公，至于充任三公以下职务者简直多不胜数。所谓"三公"，即太尉、司徒和司空的简化性统称。东汉光武帝刘秀称帝之后，为了防止王莽那样的权臣威逼皇权，便废除了秦、西汉二朝实行的丞相独自执政制度，改行三公联合执政的办法，从而避免丞相控制朝权一人独大。作为中央政权最高一级的执政大臣，三公均有各自独立的办公府署，而府署中的幕僚或办事人员，均由三公本人自行选择任命，无须经过中央铨选机构的批准，这在当时叫作"开府自辟掾属"。袁绍的高祖袁安，曾任三公之中的司空和司徒；袁绍的曾叔祖袁敞，曾任司空；袁绍的祖父袁汤，曾任司空、司徒和太尉；袁绍的生父袁逢，曾任司空；袁绍的叔父袁隗，曾任司徒。由于有四代共五人做过三公，所以称为"四世五公"，而曾在袁氏三公府署中任职的部属，以及受过他们援引识拔的后进，数目相当惊人，史称是"门生故吏遍于天下"。

要论家学渊源，汝南袁氏亦有值得骄人的光辉。自袁绍高祖袁安的祖父袁良起，袁氏就世代传习儒家的经学，特别是以研习《周易》见长。在西汉武帝推行"罢黜百家，独尊儒术"的文化政策之后，经学便进入一个飞跃发展的时期，以致同一部儒家经典的传习亦分成若干个流派，这在当时叫做"家法"。以《周易》为例，便有施、孟、梁丘和京氏四流派或四家法。而袁氏世代研习的《易》学，便属于孟氏流派或孟氏家法。袁绍的曾祖父袁京，在承传家学上成就最为突出，曾有三十万言的研究专著问世，这在当时算得上是皇皇巨著了。

袁绍出自如此著名的家族，在政治前途上当然吃不了亏。他还是一个垂髫童子之时，父辈即已为他活动到了一个郎官的头衔。所谓的"郎"，乃是正式官员的预备队。东汉时期的中央政府，把那些通过各种途径选拔出来的年轻士人，统统编入皇帝的侍从队伍中，并称之为郎。政府所需要的各级官员，多从郎官中择优选用，故而当时之人有"郎官乃储材之所"的评论。郎官中绝大多数是成年人，但也有少量未成年的少年，即所谓的"童子郎"。充任童子郎者，几乎清一色是三公或九卿的子孙，普通老百姓的子弟与此完全无缘。可见政界中依仗父辈为自己开路的不良风气，由来已久。

袁绍未成年即捞到一个郎官名额。刚满二十岁的弱冠之年，跨入成人阶段，又被委任为濮阳县的县长。按汉代典制，凡满万户之县称县令，未满万户之县称县长。这濮阳虽是一个未满万户的小县，但对初次正式临民治事的袁绍而言，仍然是一个展现才能建立声誉的好地方。因此，他到任之后，夙兴夜寐，勤于政事，使得濮阳的吏治大有起色，一时间赞颂之声四起。可惜的是，正在大展身手之际，袁绍却收到了从老家汝阳县传来的急信，说他的老母突然病逝了！

得到消息的当天，袁绍便抛下公务，收拾行装匆匆登程还乡。于是，便出现了上文所描述的一幕。

从濮阳到汝阳的官道，沿途要经过四个郡的地界。首先是濮阳县所在的兖州东郡（其治所就在濮阳县）。其次是兖州所属的陈留郡（治所在今河南省开封县东南）。由陈留进入豫州所属的陈郡（治所在今河南省淮阳县），再由陈郡入汝南郡（治所在今河南省平舆县东北），即可抵达汝阳县城。

一从陈郡跨入汝南郡地界，袁绍便把右手一举，命令身后的车马停了下来。他滚鞍下马，先换了一身新制作的服丧孝服，然后对随从说道："我的车队岂能让许子将看见？你们愿回家者先各自回家，不愿回家者就在此稍作停留吧。"

说完之后，袁绍即跨上一辆比较素朴的马车，独自往汝阳县驰

一 高门贱子

去,只留下那一帮随从的宾客在路旁兀自发呆。

这许子将究竟是何人?他何以能让堂堂袁家公子收敛威风单车入境?这些将在后文中叙述,此处先说袁绍归家后的情形。

袁绍一回到老家,立即以孝子的身份主持办理丧葬事宜。中国古代最重视父母的丧礼,如袁氏这样的经学名家更是如此。袁绍本人又有心把丧事办得十全十美,所以在礼仪制度上完全依据古礼,一丝一毫也不苟且将就。登屋招魂,接受吊宾,沐浴尸身,饭含珠玉(以碎玉杂以饭粒置于死者口中),设立铭旌,小殓悲哭,大殓悲哭,卜选吉穴,挽歌出殡,入穴安葬,垒土做墓,这一大套程序完成之后,连年方二十来岁的袁绍自己也感到疲乏不堪。

宗亲宾客看到袁绍那日益憔悴的面容和日益清瘦的身形,无不赞叹他是世间少有的真孝子。丧事一结束,众人都劝他好生休养一番,以便再回濮阳县上任。但是,袁孝子却向众人公布了自己的决定:不再回濮阳当县长了,要在老家为慈母守冢三年。

听了他的决定,人们无不感到大出意料。

人们为何感到意外呢?父母死而子女服丧三年,不正是古礼中的定制么?儒家经典《礼记·王制》云:"父母之丧,三年不从政。"另一部儒家经典《春秋公羊传·鲁宣公元年》说:"古者臣有大丧,则君三年不呼其门。君使之,非也;臣行之,礼也。"这不是说得明明白白么?袁绍遵而行之,难道不是应有之义?

然而人们的诧异是事出有因的。原来,自西汉以来,尽管官方把儒学尊崇到无以复加的地步,但这主要用来要求小民百姓,还美其名曰"施行教化"。至于执政者自身,却并不一定身体力行,为父母服丧之事即为突出的例子。按照西汉政府的明文规定,凡是不为父母服丧三年之平民布衣,均不能参加孝廉或秀才的选举,这实际上是断了你的仕进之路和政治前途。可是对于高级官员却非常照顾,他们可享受一种"以日易月"的特殊优待。所谓"以日易月",即服丧一日算一月,三年有三十六个月,只消服丧三十六天就算期满了。这样一来,官员们名义上享有孝子之名,而实际上服丧期只有平民的三十分之一,既不会失去职位,也不影响俸禄,实际利益完全不受影响,当然受到他们的拥护和欢迎。到了东汉,光武帝刘秀干脆顺应官僚集团的需要,明令宣布:高级官员不得因父母之丧而放弃职守,连"以日易月"的过场也不必再做。从此之后,官场中人便再不提什么"三年不从政"之类的古礼,不论父亡或母死,一样做官拿俸禄不误。设若有那么一两位迂腐之人表示异议,他们就会以忠孝不能两全,或者显亲扬名乃孝之大也之类的道理来抵挡,你也奈何他们不得。袁绍所处的时代,正是东汉后期的桓、灵衰世,世风浇薄,宦海污浊,愿意为父母尽孝而不惜放弃禄位者更是寥若晨星。在这样的风气之中,刚刚开始踏上仕途而且前程未可限量的袁大公子,竟然要弃职还乡为老母守墓尽孝三年不打一点折扣,当然要令人大感意外了。

　　人们感到意外还有一个特殊的原因,即此番瞑目长逝者,并非袁绍的生母,而只是他名义上的母亲,他无须如此这般动真感情。

　　袁绍的生父名叫袁逢,字周阳。袁逢有一兄一弟。长兄袁成,字文开,曾任左中郎将,不幸早死。小弟袁隗,字次阳,曾任三公之一的司徒。袁成其人身材高大,善于交际,是京城洛阳社交界的大明星,时人有"事不谐,问文开"之谚,意思是说,凡遇办不通的事,只要找到袁文开就必然迎刃而解。袁成虽然能干,可惜命中注定无后,临死时尚未见到儿子降生。袁逢不忍让长兄绝后,便把尚在襁褓之中的袁绍过继给长兄为子,而袁成的夫人也就是袁绍的大伯母,便成为袁绍名义上的母亲。

此番去世者便是袁绍名义上的母亲、实际上的大伯母。她虽然对袁绍有养育之恩,但终归不是其生母。袁绍心甘情愿为她服丧三年,人们心中总觉得有点过于认真,甚至有点矫情。

于是,便有人去劝慰袁绍,要他把忠君放在第一位。

然而袁绍丝毫不为所动。他命人在母亲墓侧盖了数间简陋的茅屋,作为自己的住处,从此开始了"庐墓三年"的简朴生活。

随着岁月的逝去,袁绍孝行过人的名声日益传开。三年服丧期满之后,人们都以为他这一下要重返官场了,不料袁绍竟又宣布:他还要为早死的父亲袁成,追服大丧三年!

如果说袁绍为刚死的母亲守冢三年,还算是有古礼可循的话,那么他要为二十年多前去世的名义父亲追服大丧,便完全属于自出心裁了。且不说是名义上的父亲,就是生身父亲,礼制上亦无追服之文,何况是在风俗浇薄之世?因此之故,人们表面上都众口一词,极力称颂他出类拔萃的孝行,暗中却在怀疑:此人的头脑是否出了什么毛病?

其实袁绍的头脑清楚得很。他之所以把六年宝贵光阴抛掷在名义父母的墓地之上,完全出于周密长远的考虑;而此举的目的,正是想要在未来的政治生涯中谋求更大的发展。

袁绍走上仕途,正值东汉政治最为衰败的时期。汉灵帝刘宏,与在他之前的汉桓帝刘志一样,都是昏庸加腐败的双料混蛋。诸葛亮算是尊崇汉室的了,后来与刘备论议起时政,也"未尝不叹息痛恨于桓、灵也"。此处的"痛恨",准确的含义是痛心和憾恨,而非现今的极度仇恨之意。而桓、灵二帝最令清流士大夫痛心和憾恨的举措,即是诸葛公所言的"亲小人,远贤臣"。小人为谁?宦官是也。桓、灵二帝最宠宦官,宦官不仅可以封侯佩印,而且还控制枢机,掌握军旅。宦官势力之大,用范晔《后汉书》中的描述,是"举动回山海,呼吸变霜露。阿旨曲求,则光宠五族;直情忤意,则参夷五宗。汉之纲纪大乱矣"。

宦阉乱政,对此最为愤怒者是清流士大夫集团。他们或者单枪匹马,向邪恶势力猛烈攻击,把身家性命完全置之度外;或者结成同盟,密谋采取武力手段,把宦官祸根一举铲除。可惜的是,直到袁绍走上仕途之时,宦官势力依然控制着政权。而清流士大夫集团,因受"党锢之祸"的残酷打击,其活动暂时处于低潮时期。不过,尽管在表面上政坛没有出现大斗争,然而在暗中,人们对宦官势力却是更加仇恨,而且心怀不满者越来越多。政治嗅觉敏感者都认定:在不远的将来,政坛上必将爆发一场针对宦官势力的恶战。

在这批政治嗅觉敏感的人中,便有本书的主人公袁绍。此时,天下名门望族,不受宦官打击者甚少。例如,司隶校尉部弘农郡华阴县(今陕西省华阴市)的杨氏,也是一个世代公卿之家,与汝南袁氏齐名于天下。杨氏的家长杨震,时任三公之一的太尉,因与宦官水火不容,连遭迫害,终于愤而自杀。然而唯有袁氏家族,却在这时一枝独秀,处于一帆风顺欣欣向荣的状态。之所以如此,是因为袁氏家族非但未受宦官的残酷打击,反而受到了宦官的有力扶持。原来,在汉灵帝最为宠信的宦官首领之中,有一人姓袁名赦。这袁赦也出自汝南袁氏,与袁绍家族乃是同宗。袁绍的生父袁逢和叔父袁隗,都想借重袁赦的权势,作为宫廷之内的助力;而袁赦也有心笼络这个世代公卿之家,作为宫廷之外的党援。双方一拍即合,从此袁氏便"贵宠于世,富奢盛,不与他公族同"。

袁氏结好宦官,清流士大夫自然会有看法。比如司隶校尉部河内郡修武县(今河南省获嘉县)的张氏,也是两代三公的高门。袁隗想与张氏结为儿女亲家,张氏竟坚决不允。而当时一位专欲惩治不法宦官的执法官阳球,则更把袁家子弟与宦官相提并论,必欲全部收监判刑而后快。

知道了这一切政治背景,那么袁绍连续为名义父母服丧六年的反常行动,就不难理解了。他以前顺利进入政界,包括自幼充任郎官,弱冠出任县长,都是依靠父辈的力量,并非个人奋斗的结果。父辈的力量从何处而来?是从天下人皆曰可杀的宦官而来。换言之,袁绍以前的政治地位,乃是拜受阉人之赐。即使现今不以为羞,今后政局若生剧变,宦官大倒其霉时,难免同受祸害。为今后长远前途考虑,他决心借此为父母服丧的机会,暂时脱离官场。这样做的目的有二:一是把以往的政治生活作一结束,表明自己与过去——也就是与父辈荫庇和宦官援引的状态,彻底断绝关系。二是树立自己的全新形象,以便依靠自己的努力,在将来再次跻身政界。

除了政治上的考虑之外,促使袁绍服丧六年者,还有更为隐秘的原因。

上文已经提到,袁绍自幼出继袁成为后,而他的生父,乃是袁成的二弟袁逢。袁逢的嫡室夫人生有二子,长为袁基,次为袁术。那么袁绍的生母是谁呢?其生母既非袁逢的嫡妻,亦非袁逢的侧室,而是服侍袁家夫妇的一名婢女或女奴。袁逢在研习孟氏《易》学之余,大约是想在妙龄侍女的身上,体验一番阴阳化生的精言要旨,于是便有了袁绍。

儒家经典《春秋公羊传·隐公元年》,对母子之间身份地位的相互影响,曾经说:"母贵则子何以贵?子以母贵,母以子贵。"母亲地位高贵,为何她的儿子就高贵?这是因为有两条既定原则存在:一是母亲高贵则儿子就高贵,二是儿子高贵则母亲也高贵。袁绍的生母,是一个比侧室夫人还不如的婢女或女奴,按照以上儒家经典中"子以母贵"的规矩,反过来就是"子以母贱",所以他本人的身份地位也就极低,低到与奴仆相近。难怪后来他与异母弟袁术关系交恶时,为嫡妻所生的袁术便很鄙视地骂他是袁氏的"家奴"。

幸好袁逢把他出继给大房,这才使袁绍得到了一个摆脱卑贱身份的机会。因为袁成无后,入继之子自然也就是袁成的嫡子。但是,袁绍出继之时,袁成已经归天,此后自己长大,却再没有机会为之尽孝,因而父子之义不免有缺。父子之义有缺,说自己是袁成的嫡子,也就缺乏底气。此番袁绍下定决心为名义父母服丧六年,就是希望在为人子方面尽量有所弥补。他要向世人表明:我袁绍已经与过去的卑贱出身毫无牵涉,现今完全是已故左中郎将袁成的嫡亲儿子!

显而易见,袁绍此举,实际上是出自一种自卑心理的驱使。这种自卑心理此后一直深藏在他心中,而且还将出现畸变,变成一种极度的自傲,以求得心理之平衡。从以后的叙述中我们可以看到,自傲心态将会给袁绍的政治生涯带来何等重大的影响。

光阴荏苒,日月如梭,不知不觉已经到了东汉灵帝光和年间。大约在光和五年(182),六年服丧期满之后,袁绍自认为革新形象、重建声名的计划胜利完成,到了重归政界大展宏图的时候。于是,他告别故乡,携带万贯家产,怀着一颗雄心,移居到京城洛阳(今河南省洛阳市东)。

至此,东汉末年政治舞台上的一个重要角色,终于正式粉墨登场了。这正是:

<blockquote>六载居丧身份改,高门贱子再登场。</blockquote>

要知道袁绍正式登上东汉末年政治舞台的第一步,是从何处开始,又怎样开始,请看下文分解。

二　游侠洛都

东汉的京都洛阳,是当时全国最繁华的大都会。

洛阳成为全国的都城,始于西周。周成王时周公营建洛邑,筑王城于谷水入洛水处(今河南省洛阳市王城公园一带),作为东都。平王东迁,王城便成为东周的京城。秦、西汉时,又在王城以东约四十里处的洛水北岸扩建城市,并按"山南为阳,水北为阳"之义,名之曰洛阳(今河南省洛阳市东郊白马寺以东)。东汉定都洛阳,其改其名为"雒阳"。曹魏黄初元年(220),取代东汉的魏文帝曹丕,认为曹魏皇朝对应的是五行中之土德,而土得水而柔,遂下令将"雒"改回原来的"洛",从此洛阳之名即沿用千载至今。

东汉王朝定都洛阳之后,即对洛阳城进行大力营建。经过近百年的不断努力,到东汉中期,洛阳已经在城市的宏伟和经济的繁荣上雄冠天下。其城垣南北长九里,东西宽六里,有城门十二座,通衢大街二十四条。城中心与北区为皇宫所在。东有马市和小市,西有金市和大市,南郊有鱼市和专门接待境外来客的四夷馆,天下商贾辐辏于此。城中居民接近十万户,单是南郊的大学,兴盛之时即有四方学子三万余人之多。每逢良辰佳节,只见长街之上,"车毂击,人肩摩,连衽成帷,举袂成幕,挥汗成雨"。当时有一奇士梁鸿,即与孟光结为伉俪举案齐眉的那一位,来到洛阳之后曾登上城北的北芒山顶,南

眺皇都,赞叹之余,作了一首《五噫歌》,其辞曰:

　　　　陟彼北芒兮,噫!览观帝京兮,噫!宫室崔嵬兮,噫!民之劬劳兮,噫!辽辽未央兮,噫!

单从这五个噫字上,亦可看出赫赫京都在人们心中引起的震动。

但是,当袁绍移居洛阳之际,京都已非复昔日的京都了。

由于桓、灵二帝的长期大肆挥霍,贪官污吏的反复残酷搜括,这座曾经花团锦簇的都城,正经受着一场前所未有的"三空之厄"。所谓"三空",是当时一位忠直大臣名叫陈蕃,在上疏指斥朝政时说的话,意谓社会财富被掠夺挥霍,致使"田野空,朝廷空,仓库空"。京畿之地出现"三空",有识官员忧心不已,平民百姓动荡不安,一股强烈的危机感正在首都的社会中蔓延开来。往昔的稳定和繁荣,如今都不复存在,金马铜驼倒在荆棘丛中的日子已经不远矣。

袁绍一入洛阳,便感受到了人们动荡不安的情绪。"乱世出英雄",他倒觉得这正是自己崭露头角大展身手的好时候。于是,他购置了一处宽敞的住宅,作为政治活动的大本营,并立即开始实施他早已考虑成熟的活动方案。

他的政治活动方案,可以用十六个字来概括,即广交朋友,提高声誉,等待时机,重入政界。他很清楚,单凭他在家乡靠"庐墓六年"建立起来的名声,还不能在京都的政界风云际会一番,必须在洛阳再提高一下知名度。同时,要想在政坛上自闯天下有所作为,又必须交结一批志同道合的朋友,以便将来相互扶持。做到了以上两点,才有较雄厚的资本去宦场中一搏。主意打定,袁绍便仿效那礼贤下士仗义疏财的孟尝君,倾万贯家财,招四方豪俊,史书上描述当时的情景说:

> 绍有姿貌威容，爱士养名。既累世台司，宾客所归，加倾心折节，莫不争赴其庭。士无贵贱，与之抗礼，辎軿柴毂，填接街陌。

出身高贵，又待人热情，与他交往的人很多，无论贵贱，来来往往，访客的车辆把街道都挤满了。于是，汝南袁公子之名，迅速传遍京城内外。

袁绍所交的朋友虽多，与之关系最为密切者，却只有以下数人。

一是何颙。何颙字伯求，乃荆州南阳郡襄乡县（今湖北省枣阳市东北）人氏。何颙少时游学洛阳，与清流士大夫领袖陈蕃、李膺、郭泰、贾彪等相善，为党锢名士之中坚人物。其后宦官大肆捕杀清流名士，兴起党锢之祸，何颙乃隐姓埋名，逃亡汝南郡一带。在家居丧的袁绍，有心与党锢名士相交结，便暗中与何颙往来，大力提供帮助，从此二人成为莫逆之交。

一是张邈。张邈字孟卓，乃兖州东平郡寿张县（今山东省东平县南）人氏。此人自少年时代起，即以行侠仗义而闻名乡里，史称是"振穷救急，倾家无爱，士多归之"。天下不安，社会动荡，家拥千金的有识之士，散家财交结豪俊，以待时局之变，这也是常见现象，在汉魏之际更是如此。张邈后来寄居京都。袁绍一入洛阳即与这位豪侠之士结交定好。此后，二人在政治上还将同行好一段路程，这也是后话。

一是许攸。许攸字子远，乃荆州南阳郡（治所在今河南省南阳市）人氏。其人多智数，善权谋，但性情躁竞自傲，是当时洛阳游侠少年中的风头人物。

还有一位便是后来大名鼎鼎的曹操了。曹操字孟德，乃豫州沛郡谯县（今安徽省亳州市）人氏。谯县曹氏在当时是一个炙手可热的权势家族。曹操的祖父曹腾，在桓帝之时曾任宦官首领。他历事四帝，在宫禁中度过三十余年，根基深固不摇。曹操的生父曹嵩，系曹腾的养子。借助宦官老子积下的权势和财力，曹嵩在汉灵帝时连连升官，最后出任三公之一的太尉。按汉代典制，太尉为三公之首，而三公乃百僚之冠冕，那么太尉之位是何等尊崇也就可想而知。但是，曹嵩这个太尉职位的到手经过，说来不免令人作呕。

原来，贪婪荒淫到了极点的汉灵帝，大肆挥霍民脂民膏，致朝廷出现了"三空"之厄后，为了再聚敛钱财，竟然想出了一个公开出卖政府官职的主意来。他在皇宫的鸿都门外高挂价目表，上从三公九卿州牧郡守，下至政府各部门的办事吏员以及禁卫军兵士的职位，按官位高低论价，开列得一清二楚。此一举动，在茫茫中国两千年的政治史上，也算得一件奇闻。当时有一位崔烈，花了五百万钱的买官费后，即从九卿升到了三公之一的司徒。这位崔烈本来声望甚高，一出钱买到三公，顿时名誉大损。他问其子何故舆论汹汹，直率正直的崔公子立即答道："论者嫌其铜臭！"此即"铜臭"一词之出典。

崔烈的司徒是买来的。曹嵩的太尉同样也是买来的。但是，崔烈才花了五百万钱，曹嵩却付出了一万万，足足一个亿。也就是说，若论铜臭，曹家还要比崔家浓烈二十倍。祖父是受人轻蔑的阉宦，老子又浑身散发铜臭，具有非凡才具的曹操便和袁绍一样，背上了沉重的出身包袱。为了能甩掉包袱，曹操又和袁绍一样，决心以独立的新姿态进入社会，开创自己的天地。

曹操自辟天地的第一步，乃是争取在清流士大夫中树立起好名声。东汉后期的政治格局，大体上是宦官控制实权而清流士大夫掌握舆论。清流士大夫所掌握的舆论，又称为"清议"。一个人要想在政治上有所建树，能否得到清议的好评是至关重要的条件。设若被清议所讥,弄不好会终身受士林不齿,一切便无从谈起。因此,当时凡有志政事之青年士人,在踏入仕途之先,都要做一番"养名"的准备。养名者,培养声名是也。养名的措施主要有二:一是自我砥砺,尽量在修身进德方面做出世人瞩目的成绩;二是广交名流,努力争取得到他们的了解和赞誉。一般人都要如此,出自宦竖之门的曹操就更需要经过"养名"阶段。其实,此前袁绍的"庐墓六年",也不外乎是一种"养名"之举而已。

求名之心非常迫切的曹操,一入手便找了一位大名士来提携自己,也就是豫州汝南郡平舆县(今河南省平舆县北)人许劭。东汉灵帝之时,能够左右清议的权威人物,就是这位汝南名士许劭(字子将),及其堂兄许靖。二人每月都要定时公布他们对时人的评价,俗称之"汝南月旦评"。所谓"月旦",即每月某一日之清晨。凡得许氏好评者,犹如鱼登龙门,顿时身价百倍。许劭的家乡平舆县,和袁绍的老家汝阳县乃是邻县,相距不过百里。当初袁绍要回老家尽孝六年,正是想借许氏"月旦评"的权威来养名立誉。知道这一点,那么他一入汝南郡界,就打发宾客随从,自己驾了一辆简朴的车辆回家,还说"吾舆服岂可使许子将见",也就是我这豪华的车马服饰怎能让许子将看见,也就不难理解了。

曹孟德对许子将软硬兼施,许无可奈何,只好给他一个"清平之奸贼,乱世之英雄"的评语。曹操大悦而去,由是知名于士林而进入政界。袁绍入京之际,曹操正任议郎之职。袁绍之密友何颙、张邈和许攸,也和曹议郎有非同寻常的交情。这样一来,袁绍自然又同曹操打得火热,从此开始了两人长达二十年之久的恩恩怨怨。袁绍与曹操年岁相近,仅比曹操大一两岁。两人均长自权门,又都在身世的渊源上有耻辱的烙印。此后二人一同起兵声讨董卓,继而又加入群雄逐鹿中原的混战,最后又相互决斗,以决定谁是主宰汉室权力的霸主。由这两位具有多处相似之处的角色,来主演关乎汉室命运的一幕,不知是不是上天的有意安排?

袁绍自入洛阳,即与上述诸人结为密友,领导青年士子社交界的新潮流,真可谓"座上客常满,樽中酒不空"!但是,迎来送往,呼朋引类,这不过是他政治活动中一个易于看见的侧面。他还有一个隐蔽的侧面,即暗中进行援救党人的活动。

所谓"党人",即党锢集团中的人。东汉桓帝之时,洛阳太学三万余名青年学子,在清流士大夫首领人物李膺、陈蕃的支持和领导之下,对专权擅政的宦官集团展开猛烈的抨击。这大概是中国历史上知识分子第一次组成大规模的政治集团来进行殊死的政治斗争。桓帝延熹九年(166)十二月,在宦官的策划之下,有人上书天子,诬告李膺等人"共为部党,诽讪朝廷"。别看汉桓帝平素昏庸腐化到了极点,对这件事情却是反应迅速。他立即下诏天下郡国,捕拿"党人",先后搜捕李膺等二百余人下狱治罪。次年,桓帝忽然大发慈悲,将下狱党人全部释放。但又规定:下狱党人全部放逐还乡,永远不再叙用,即所谓的"禁锢终身"。两年之后,党事再起,宦官先捕杀李膺等一百余位名流,接着又大肆逐捕其他党人近千人之多。党人较亲近的亲属,以及他们的门生、老部下,全部免官禁锢。这就是东汉历史上著名的"党锢之祸"。

及至袁绍入洛,党锢之祸已发生十年有余。这时,遭受打击的党人,或者处于贫穷困窘的境地,或者遭到仇家严酷的报复,情况大多艰难异常。袁绍决心给这些深受人们敬佩的人雪中送炭,以便将来时局变化后,能够取得政治上的厚利。于是,他便通过何颙,在极其秘密的情况下,向党人提供种种帮助。

那何颙本来就是党人中的骨干人物。党祸初起,他已睹先机,改名换姓逃亡出京至豫州的汝南郡一带。袁绍还乡服丧之日,正是何颙出逃汝南之时,所以二人的交谊,很可能自此即已开始。袁绍入京,何颙还不敢公然出现在袁家的社交圈中。他每年数次偷偷混进洛阳,密见袁绍,商议如何为一些处境险恶的党人排忧解难。生活窘困者,袁绍慷慨提供经济帮助;受仇家打击报复者,袁绍则动用上层关系给以暗中保护。这样一来,袁绍在京城的府邸,无形之中便成为党人活动的据点了。

袁绍入京不到一年,声誉鹊起。与此同时,他的叔父袁隗,在宦官首领之一、中常侍袁赦的活动之下,也从九卿之一的太常(掌礼仪祭祀之事),升任三公之一的司徒(掌全国民政之事)。袁家势力如鲜花着锦、烈火烹油,不要说一般人均有心巴结,就连当时另外两位身任三公的大佬,也想把袁绍辟为自己府署之中的幕僚,以表示对袁家的敬爱。这两位大佬,就是太尉许馘和司空张济。

许馘是扬州会稽郡阳羡县(今江苏省宜兴市)人。而张济则是豫州汝南郡细阳县(今安徽省阜阳市北)人,与袁家算是大同乡。许、张二人之才德皆无可称,其所以能位列三公,小半是靠运气,大半是靠奉承宦官。何以见得?有事实为证。光和五年(182)初,东汉灵帝忽然心血来潮,想整肃一番吏治,便下达诏书,令中央的三公九卿举报弹劾州郡地方官员中的不法者。许馘与张济身为三公,不仅不能为百姓除去贪婪残暴的地方官,反而收取宦官贿赂,唯阉人之命是从。凡是宦官的子弟宾客出任地方行政官职者,无论其如何贪赃枉法,均不予过问。为了向皇帝有所交待,许、张二人又把边远小郡中清正廉洁但在朝中无靠山的官员二十六人,诬蔑为贪官污吏,捕送京师。一时间舆论大哗。当时的司徒陈耽,会同议郎曹操上书天子,揭发此一冤案之内幕。上书中有这样的精彩文句：

> 公卿所举，率党其私，所谓放鸱枭而囚鸾凤。

意思是朝廷公卿举报弹劾时，都在袒护为私，可以比喻为放过凶恶的鸱鸮，囚禁善良的鸾凤。对于此次上书的官员，宦官放过同类的子孙，即出自"赘阉遗丑"的曹操，集中对付陈耽。于是，堂堂司徒公，竟被诬陷下狱处死。三月陈耽下狱，四月即由袁隗继任其留下的司徒之职。许馘、张济是何等人物，由此一事不是看得清清楚楚了么？

正在养名立誉的袁绍，哪里会去给这两个臭名昭著的宦官走狗当幕僚？否则不是要让好友曹操耻笑一辈子么！所以当太尉府和司空府相继送来辟召任命文书时，他根本不屑启封，便派人退了回去。

按照东汉的制度，三公有"开府自辟掾属"的权力，也就是有权设立自己的办公厅，并且自行任命办公厅下属官员。然而同时，受其辟召者，也有拒绝接受任命的自由。因此，不应三公之辟召，本属平常之事，可谓史不绝书。但是，当此许馘、张济与宦官沆瀣一气，并成为清议攻击的目标时，相继不应二人的辟召，便具有明显的政治含义了。所以袁绍的表现，立即引起宦官群体的警觉和注意。

东汉宫廷中的宦官，按照等级的高低，分别有中常侍、小黄门、黄门令、黄门署长、中黄门冗从仆射、中黄门、掖庭令、永巷令、御府令、祠祀令、钩盾令等名称。其中，地位最高且与皇帝关系最密切者，即是中常侍。按照史籍所言，中常侍的职分是"掌侍左右，从入内宫，赞导内众事，顾问应对给事"。也就是说，中常侍是皇帝的侍从、总管并兼顾问。中常侍之"中"，意即宫禁之中。中常侍者，宫禁之中经常服侍天子之人是也。

这一职务并无定员，人数多少完全视皇帝的需要和高兴，但一般在十人左右。东汉灵帝置中常侍十二人,他们是张让、赵忠、夏恽、郭胜、孙璋、毕岚、栗嵩、段珪、高望、张恭、韩悝和宋典。这十二人"封侯贵宠,父兄子弟布列州郡,所在贪残,为人蠹害",民众皆称之为"侵掠百姓"的"十常侍"(举其大数)。对袁绍不应三公辟召有所警觉和注意者,正是"十常侍"的副头目赵忠。

赵忠这宦官究竟有多大的权势,从汉灵帝经常爱说的一句口头禅即可得知。这位混蛋皇帝动辄就说:"张常侍是我公,赵常侍是我母。"张常侍即"十常侍"的大头目张让,赵常侍即副头目赵忠。至尊至贵的天子都自认是其干儿子,你说赵忠是什么?

袁绍在京城游侠交友的情形,早已有耳目报告给赵忠等人。由于袁家与宦官素有关系,族人袁赦就曾担任过中常侍,再加上京城中公卿子弟常有呼朋引类酒食征逐之事,所以赵忠等人起初对此并不在意。但是,现在他们在意了,既然袁绍对宦官的态度冷淡,对许馘、张济的任命不屑一顾,他那十分起劲的社交活动便值得怀疑。因此,在一次宫中聚会时,赵忠特地把此事提出,并对在座诸常侍说道:"袁本初在京师自抬身价,不应三公辟召而好养死党,不知此儿究竟意欲何为?"

幸好袁绍暗中与党锢人士来往的秘密未曾暴露,不然当时就要倒霉。由于未抓到袁绍什么明显的短处,诸常侍决定将此事暂且放在一旁,视情况的发展再说。

十常侍议论袁绍的消息,不久就传到司徒袁隗的耳里。他大吃一惊,深知关系非小,便马上派人去叫袁绍来见。

袁绍应命而至。他见叔父满面愠怒之容,感到有些意外,因为叔父素来喜欢自己,从未对自己做脸做色。施过家人之礼后,他便垂手而立,静听叔父的训示。

袁隗把十常侍的议论简略说了之后,便严厉责备袁绍不该广交朋党拒绝三公辟召。他越说越生气,越说越激动,最后以一句危言作结:"你若不悔改,必将破败我袁氏家门!"

对于叔父的训斥,袁绍抱定一条方针:口头虚心接受,实际决心不改。袁隗见他连连认错,也就不再为难他。袁绍告辞叔父归家,依然是"座上客常满,樽中酒不空",依然是视三公之辟召如粪土。唯有在与党锢人士秘密往来这一点上,他比以前更加小心。

袁绍在洛阳的游侠生活,大约持续了两三年。使他结束这种生活的,既非天子"老娘"赵忠的恐吓,亦非本家叔父袁隗的训斥,而是一场撼天动地的社会大风暴,即三十六方黄巾军的同时起事。这正是:

  养名立誉洛阳市,不料黄巾起暴风。

要知道这黄巾军掀起了什么样的巨大风暴,袁绍又如何面临这场风暴的冲击,请看下文分解。

三　禁军统领

　　东汉灵帝中平元年(184)暮春三月的一天,正在与宾朋豪饮的袁绍,忽然接到了一封从大将军府送来的公文。他打开一看,原来是新任大将军何进所下的任命,请他屈就大将军府的幕僚。看毕来文,袁绍矜持地一笑,他心里明白:自己重返政界的时机到了。

　　当时的大将军,是全国兵权的执掌者,其地位之高,比三公有过之而无不及。东汉一朝的大将军,又多由皇帝的外戚出任。一旦就任大将军之职,实际即成为辅政大臣,特别是在皇帝幼年时更是如此。大将军地位高,权力大,故而也享有开府自辟掾属的特权。这位大将军姓何名进,字遂高,乃荆州南阳郡宛县(今河南省南阳市,宛字读音同"渊")人氏。何进之父何真,本是一个杀猪宰羊的屠夫。东汉已经开始讲究门第阀阅,如何进这样的屠家子,通常很难有飞黄腾达的机会。但是,何进的运气不错,一是他有一个国色天香的异母妹妹,二是他又找到了宦官的门路把妹妹送进了皇宫,三是其妹妹又偏偏能在三千粉黛之中,争得汉灵帝的恩宠,这样一来他的官运也就亨通异常。光和三年(180),其妹被册立为皇后,舅老爷何进随之升为九卿之一的将作大匠。四年之后,他又当上了第一等的高官——大将军,昔时的屠家子,终于爬到了权力的最顶端。

　　对于浑身沾满猪羊血腥的屠家子,出自海内名门的袁绍,本是轻视得很的。但是，此番他的表现非常特别，他不仅企盼着何进的辟召，而且接到辟命之后，立即欣然走马上任，与他当初傲然拒绝太尉许馘、司空张济的辟召截然不同。这是怎么一回事呢？欲知就里，须得先介绍当时政局之变化，以及何进其人的政治立场。

桓、灵无道，民不聊生。光和六年（183），冀州巨鹿郡巨鹿县（今河北省平乡县西南）人张角，以太平道的道术与教义组织民众，准备以武力推翻东汉政权。张角所统，共有三十六方。所谓的"方"，相当于领兵的将军，大方之下率领万余人，小方之下率领六七千人。由于光和六年是癸亥年，第二年是六十年花甲从头起的甲子年，故而张角便以"苍天当死，黄天当立，岁在甲子，天下大吉"的十六字口号鼓动信徒，并用白色泥水将此口号书写在京城和地方的无数官衙大门之上，同时预定在次年三月五日，率领三十六方同时起事。

谁知张角的一名弟子向东汉朝廷告密，张角只好在次年初春提前发动起事。三十六方信徒，都在头上系黄巾为标志，一齐向当地官府发起武装进攻，史称"旬月之间，天下响应，京师震动"。这场中国历史上第一次采用宗教组织系统来发动的农民大起义，就此开始了。

面对这突如其来的武装反抗浪潮，东汉灵帝刘宏真是吓得不知所措。他连忙向侍臣征求对付黄巾军的办法，一位名叫向栩的侍臣当即献了一条"妙计"，说是黄巾起事于河北的冀州，所以只需派出一群儒生，站在黄河岸边，面向北面，大声诵读《孝经》若干遍，则黄巾军必将自行消灭无遗。昏庸无比的刘宏，也觉得这办法实在可笑之极。他只好召集公卿大臣，另行会商对策。

衮衮诸公商议的结果，产生了三项具体应变措施。第一项是大赦天下一切党锢人士，以往之事不再追究，以缓和社会矛盾。第二项是调集天下精兵，讨伐黄巾武装势力。第三项是任命何进为大将军，率禁卫军的精锐兵马驻屯在洛阳城郊，以防京师发生骚乱。同时，又在洛阳四郊设立八座关卡，每一关卡都驻有重兵，严防黄巾徒众混入都城。

党人得到平反，清流士大夫集团吐气扬眉，东汉政局至此为之一变。而何进就任大将军后，为了加强自己的地位，又积极采取行动以争取清流士大夫集团的支持。于是，一直与宦官势力保持距离，并与清流士大夫集团保持着密切关系的袁绍，就等来了重入政界的最佳时机。

何进争取清流士大夫集团支持的主要办法，是大量辟召清流名士，担任自己大将军府的掾属，并在适当的时候，把他们又推荐到政府的各个部门去担任重要职务。在东汉一朝，士人入仕的大道有二。一是被所在的郡国察为孝廉，或者被所在的州举为茂才，然后入京考核之后充当郎官，再由郎官出任政府官职，这条路就是所谓的"察举"。察举每年进行，孝廉的举荐比例为每二十万人口举荐一人，茂才则每州举荐一人，这是常规的途径。二是被大将军府、三公府或州郡地方长官府自行辟为掾属（掾属即幕僚，不是由中央政府铨选机构任命的正式官员），然后再由本府长官向中央铨选机构推荐，从而出任政府正式官职，这条路简称为"辟召"。何进现时为清流名士敞开的即是后一条路。

史称何进辅政，"征用名士"。用当时大名士蔡邕的话来形容，是"幕府初开，博选清英"。何进所辟的名士达二十余人，其中如豫州颍川郡颍阴县（今河南省许昌市）人荀爽、青州北海郡高密县（今山东省高密市西）人郑玄、兖州陈留郡浚仪县（今河南省开封市）人边让等，都是誉满天下的大名士。而袁绍及其密友张邈和伍琼，自然也在何进礼聘之列。

袁绍辛辛苦苦为出继父母连续服丧六年，又慷慨在洛阳散财交友两三年，为的是什么？正是想以清流名士的崭新形象重入政界。而今这一天已经到来，他当然不会再故作清高。所以他接到何进的辟命文书之后，也不计较上面是否沾有猪羊肉的余腥，立即欣然就职去也。

袁绍有意依靠何进作为朝廷首辅的显赫地位，谋求政治上的更大发展；而何进则因袁绍出自海内顶级名家，门下又招有一批行侠仗义的宾客，故而对之特别厚待。双方一拍即合，从此结为同心。何进凡有机密要务，必与袁绍商量处置之策；而袁绍亦竭尽智虑为主官参谋建议，俨然就是何进的智囊。既然二人关系融洽如此，所以袁绍官位的节节高升，也就不足为怪了。

灵帝中平元年（184）春三月，袁绍就任大将军府掾属。不久即因为工作成绩优异，被何进推荐为御史台的侍御史，成为朝廷的正式命官。后因其异母弟袁术，即袁逢嫡妻所生的二公子，当上了尚书台的尚书，而尚书台的等级较御史台为高，袁绍不愿屈居在老弟之下，便告病求退。何进得知内情，不久又安排他出任虎贲中郎将，至此他便成为皇家宫廷卫队的高级将领，开始掌握兵权。中平五年（188）八月，东汉朝廷为了加强京城拱卫，对中央禁卫兵马实行改组。新设上军校尉、中军校尉、下军校尉、典军校尉、左右助军校尉、佐军校尉、左校尉和右校尉，分统禁卫军劲旅，时称为禁军八校尉。其中出任中军校尉和典军校尉的，即是袁绍和曹操。

对于袁绍而言，得任禁军八校尉之一，统精兵以卫天子，说兵权有兵权，说风光有风光，应当比较满意了。但是不然，他心中很不愉快。

原来，禁军改组之后，东汉灵帝刘宏竟派了一个名叫蹇硕的宦官来担任最高指挥官。这蹇硕是一青年阉宦,生得高大健壮,很得刘宏的信任。设置八校尉之时,刘宏不仅下令要蹇硕出任上军校尉,而且明确宣布:蹇硕就是禁军的元帅,其余七校尉以及大将军何进,全部都要受其节制指挥。这样,曾经断然拒绝担任宦官同党下属的袁绍,便不得不听宦官的号令,你说他怎么愉快得起来呢?

同样不愉快的还有何进。他这个大将军,本是全国军界的天字第一号人物,不仅是中央禁军,包括州郡地方军队亦属他的管辖之下。而今倒好,大将军反而成了上军校尉的部属,面子上下不去还属小事,兵权被抽空,乃是生死攸关的问题。于是,作为外戚势力代表的何进,就联合清流士大夫集团少壮派势力的袁绍,与代表宦官势力的蹇硕,展开了激烈的权力争夺。

在东汉一朝,特别是在其中期和后期,外戚、宦官和士大夫是政坛上三支主要力量。而外戚联合士大夫以对付宦官,又是权力争夺的一贯格局。所以何、袁共同对付蹇硕,不过是旧戏重演。但是,旧戏也有翻新之处。因为从以往的情形来看,这种权力争夺往往以宦官大获全胜而告终,而这一次却不同,最后一幕乃是蹇硕那颗白净无须的人头落了地。

灵帝中平六年(189)春,也就是袁绍就任中军校尉半年之后,一天薄暮,从大将军府驰来一骑特使,请袁绍前去议事。

袁绍立即起身。不到半个时辰,他已来到何进的府邸。进入密室,宾主来不及寒暄,何进便告诉袁绍一个意外消息。原来,汉灵帝刚刚召见了何进,赐兵车一百乘,以及象征天子威权的虎贲、斧钺,要何进立即率领一部分禁卫兵马,西进关陇,平定由凉州地方豪强边章、韩遂挑起的叛乱。奉命随何进西征的中央禁卫军中,便有中军校尉袁绍部下的人马。

所谓"虎贲",乃是皇帝卫队中一支分队的专名。而"斧钺"则是皇帝仪仗队所持的饰金大斧。汉代皇帝命将出征,若赐以虎贲卫士和斧钺仪仗(有时亦单赐斧钺),便表示该将军是代表皇帝征伐四方,有不经禀奏即可诛杀违令军将之权。现今皇上赐自己虎贲、斧钺,何进虽然觉得是一种荣宠,但内心总觉得此事有点蹊跷。一是情况突然,事先皇上并未与自己商量;二是无此必要,因为关东黄巾对京城洛阳的威胁大而近,凉州叛乱军对京城洛阳的威胁小而远,自己的任务从一开始就是拱卫皇都,为何而今要自己离开京城远赴关陇?

袁绍听了何进的介绍,并未立即作答,他在沉思之中,忽然想起前不久发生的一件事。

那是上一年冬天的一个夜晚,袁绍在自己的府邸设宴款待两位志趣相投的同僚,一位是凉州燉煌郡广至县(今甘肃省瓜州县西南)人盖勋,另一位是徐州东海郡郯县(今山东省郯城县)人刘虞。盖勋字元固,生性忠正,时任讨虏校尉之职。刘虞字伯安,本皇室宗王后裔,时任九卿之一的宗正卿。盖、刘二人此时都和袁绍一起统领禁卫兵马,交谊极为深厚。

窗外雪花飘飘,室内炉火熊熊。酒酣耳热之际,三人便议论起时政来。心直口快的盖勋,满饮一樽醇酒,慷慨发言道:"近月在下多次觐见圣上,圣上天赋聪明,可惜被左右群小蒙蔽。如我辈协力同心,诛锄权阉,然后征拔天下英俊,以兴汉室,功成身退,岂非一大快事么!"

袁绍立即击掌赞道:"元固之言极是,我亦有此心久矣!"

作为汉室宗亲的刘虞,也对秽乱朝政造成汉家天下动荡不安的宦官恨入骨髓。当下三人便结为同心,决定等待合适的时机,举兵清除君侧。

但是，三人的密谋尚未付诸实行，嗅觉灵敏的蹇硕，已经对耿介的盖勋有所注意。让这样的人统领禁军并接近皇帝，宦官岂能放心得下？不久，蹇硕一伙便说动天子，把盖勋外放到关中去当京兆尹（治所在今陕西省西安市西北）。少了盖勋这根有力支柱，三人诛锄宦官的计划随即付诸东流。

此处须得将京兆尹这一官名略微说明。两汉的地方行政系统，在大多数时间里，都实行以郡辖县的郡县制。全国有郡上百，有县上千。郡一级的行政单位名称，通常都称为某郡或某某郡。但是，其中位于两汉京城所在地的郡，名称不称郡，而是改用比较特别的名称。西汉京城长安所在地的郡，叫做京兆尹，东、西两侧的郡，则分别叫做左冯翊、右扶风。东汉京城洛阳所在地的郡，叫做河南尹。至于这些特别名称的郡，职能与一般的郡大体相同，只是其行政长官不称太守，而是直接使用行政单位的名称作为官名，比如京兆尹的长官就叫京兆尹，河南尹的长官就叫河南尹。

把指挥京城禁卫军的盖勋外放，是一种排斥异己的伎俩。把执掌兵权的何进派到僻远的凉州去平叛，也是一种排斥异己的伎俩。对比往事，袁绍心明如镜，便以极其肯定的口气对何进说道："此事必是蹇硕之流所设的阴谋！将军决不可受其摆布！"

接着，袁绍便把自己的估计向何进详述一遍，何进顿开茅塞，才知道这是宦官为了独霸兵权而采取的阴谋措施。既然如此，自己当然不能俯首从命。但是，命令是通过皇上之口下达的，不从命便是违抗圣旨，罪不容诛，究竟如何是好呢？

两人密商多时，终于想出了一条应付之策。这条计策的要领可以用四个字来形容，即"拖而化之"。计议既定，袁绍遂告辞回府而去。

两天之后,何进入宫上奏皇帝,说是京师东面的徐、兖二州(徐州的主要地域在今山东、江苏省,兖州的主要地域在今山东、河南省),黄巾活动日益激烈,对首都威胁极大;为了安定后方,在大举出兵凉州之前,必须先对徐、兖二州实行清剿;此一任务,拟由中军校尉袁绍率军前往执行,并力争在旬月之中完成;一旦袁绍凯旋回都,自己即领兵西上凉州。汉灵帝认为何进之言很是有理,当即允准。于是袁绍率领本部兵马,径往徐、兖二州。

时值三月,春风骀荡,江河水绿,川原花红。袁绍领兵出都,缓缓东进,每日行军不过三四十里即下寨安营。麾下将士不禁窃窃私议:此番随袁将军东下徐、兖,哪里像是出征打仗,倒如同是结队游春了!听了这些议论,袁绍暗自好笑。他也不作任何解释,依然不紧不慢向东进发。

原来,这一切都是袁绍、何进当初商量好了的计划。首先尽量拖延时间,然后再争取皇上改变出兵凉州的主意。拖而化之,就是这个意思。

将近半月之后,袁绍的兵马才进入兖州的西境。他连黄巾军的影子都未看见,就接到了何进要他火速回师京城的手令。袁绍得令之后,立即率师西还。来时走了半个月之久的路程,回去时只用了五个昼夜。不知就里的兵士,怀疑自己的指挥官是否有点神经不正常,少数老练明达的军官,则认定京城中出了非常之事。

京中确实出了大事。原来,年仅三十四岁的汉灵帝刘宏,因长期荒淫无度,在四月初突然一病不起,行将就木了。

刘宏病势垂危,围绕着继承人选的问题,何进与蹇硕,也就是外戚与宦官的权力之争,立即进入你死我活的激烈阶段。

汉灵帝曾得三子,而活下来的有两个。长子刘辩,系何皇后所生,时年十四岁。次子刘协,系王美人所生,时年九岁。王美人是灵帝最为宠爱的妃嫔。何皇后生性嫉妒,恨王美人与之争宠,竟在其生子之后用药将其毒死,从此刘协便成为无母之儿。对于这两个儿子,汉灵帝刘宏爱憎不同。他不喜欢刘辩,因为此子举止轻佻,丝毫不能给人以帝王威仪的印象。他偏爱刘协,一是因为其母深得自己的欢心,且死于非命,爱母及于其子;二是因为刘协举止稳重,面貌又酷似自己。他之所以给次子取名为"协",正是因其面容似父,协字乃符合之意,意谓此子与父亲外表相符合也。

汉灵帝偏爱刘协,所以早有立次子为继承人之心。但是,按照礼制,作为嫡长子的刘辩才是名正言顺的继承人。犹豫之中,太子册立的问题也就久拖不决,直到刘宏病入膏肓这一天。

临近死亡刘宏才下定决心,立次子刘协为太子,继承帝位。他知道此举必定引起何皇后和何进的不满,所以只把蹇硕等宦官叫到病榻之前,口授了立刘协的遗诏。汉灵帝生前亲信宦官,临终又把宦官作为托孤辅政的依靠,汉家天下,焉有不乱之理?

皇上病危,立嗣问题自己一无所知,作为刘辩舅父的大将军何进,立即意识到情况不妙。在此关键时刻,武力才是说话的本钱,所以他马上派出特使,急召袁绍领兵还京。

袁绍兵马赶回洛阳,何进心安胆壮,不免有几分麻痹轻敌之意。就在这短暂的大意当中,他差一点掉了脑袋。

四月十一日丙辰,汉灵帝死于汉宫嘉德殿。临死时只有蹇硕等宦官在侧侍候。蹇硕等人密议之后,决定先在宫中设下埋伏,然后召何进入宫杀之,再按先帝遗诏立刘协为帝。何进不知是计,匆匆入宫。在途中,他忽见一人迎面走来,并以目光向自己示意。何进猛然警觉,立即转身出宫,上马抄近道驰还自己的大本营。原来,此人姓潘名隐,本是何进的旧交,时任蹇硕麾下的武官,他见何进自投罗网,急忙以无声之语救下老友一命。

在袁绍等部将的簇拥保护之下,何进随即点起属下精锐兵马,浩浩荡荡进驻城中,在招待天下州郡来京官员的宾馆中安营扎寨,以向蹇硕等宫廷内官显示武力。蹇硕见情势对自己不利,只得放弃拥立刘协为帝的打算。四月十三日戊午,刘辩在宦官的陪同之下,正式即位于汉宫,是为少帝。

十四岁的小皇帝不能亲理政事,其母何氏遂以皇太后的身份临朝听政。至于具体政事之办理,则由辅政的大将军何进负责。至此,灵帝死后所造成的政治危机,似乎已经烟消云散了。

其实却不然。一场充满血腥味的政治斗争,即将在东汉末期的历史舞台上演出。而在这场演出中,本书的主人公袁绍得要扮演一个重要的角色。这正是:

  禁军统领风光短,血雨腥风在眼前。

要知道袁绍将在一场什么样的残酷政治斗争之中,又扮演什么样的重要角色,请看下文分解。

四　诛锄宦官

自从小皇帝刘辩一登基，袁绍即开始以顽强的努力，策动大将军何进彻底诛锄宦官。

他之所以如此，主要有两方面的动机。

首先是出于自身利害上的考虑。他自从以清流士大夫集团少壮派代表人物的姿态重新进入政界，即与宦官势力保持距离采取不合作的立场，并逐渐走到现今与宦官势力敌对斗争的田地。他与宦官的紧张关系已很难调和，而且他也不想调和，因为这已经使他的社会声誉大为提高，政治收益不小。但是，如果自己不愿意同宦官势力同流合污，那就必须防范他们的突然袭击。在这方面，前车之鉴有的是。东汉中期以来，与宦官势力相争而死于宦官之手者，一般官员不算，单是执掌朝政的大将军或车骑将军即有四人。他们不是皇帝的舅父，便是皇帝的小舅。和帝时，有中常侍郑众杀大将军窦宪；顺帝时，有中黄门孙程杀车骑将军阎显；桓帝时，有中常侍单超杀大将军梁冀；灵帝时，有中常侍曹节杀大将军窦武。这些朝权在握的重臣，都是在无所防范的情况下，遭受对方突然袭击而丧命的。他们一死，其忠实追随者自然也跟着遭殃。事情很明显，袁绍要想避免与何进同受杀身之祸，只有先发制人一途。

企图一举建立不世之勋，则是另一动机。袁绍其人，由于生母出身问题的压抑，由极度自卑而表现出极度自傲。他为了以崭新的形象重入政界，不惜用八九年的宝贵时间来"养名"。既然自己在政治场中投入了这样大的本钱，他自然一心想得到巨大的成功作为回报，鸡零狗碎的收获是不屑一顾的。这就是俗语所说的"一锄想挖个金娃娃"的心理状态。"金娃娃"在哪里挖？只有在宦官身上挖！因为自从东汉中期以来，凡与宦官势力作对者，还从来没有人取得过胜利。如果诛锄宦官得手，必建不世之功。此其一。宦官擅权，政纲失统，天下人无不切齿痛恨，特别是党锢之祸发生以来更是如此。所以尽杀宦官，必受天下人之欢迎敬爱。此其二。取宦官之首级，只需一朝之功，远比在其他方面建立出色政绩来得快速。此其三。有此三大利，袁绍何乐而不为？

但是，袁绍根本没有想到，自己一手策动起来的这场反宦官斗争，竟会给东汉政局造成空前的混乱和灾难性的后果，并由此敲响了东汉王朝的丧钟。

下面，我们就来观看这充满刀光剑影的一幕。

这年四月十三日戊午，十四岁的少帝刘辩即位于汉宫，随即大赦天下。

袁绍经过再三考虑，决定趁此除旧布新之际，劝说何进彻底消灭宦官势力。但是，在拥立刘辩一事上，宦官对何进作出了让步，他不知何进此时对宦官态度如何，不敢贸然直接向何进提出这性命攸关之事，于是便借助第三者去试探。

第三者名叫张津，是何进身边最为亲近之人。张津找了一个合适的时机，把袁绍的意思悄悄转达给何进，说道："宫中诸黄门、常侍，专权已久，又与永乐太后相结，收取贿赂，干乱朝政。将军以帝舅之尊，受命辅政，宜清扫君侧，为天下除患。"

此时的何进,仍然对当初蹇硕意欲暗算自己一事怀恨不已。再加上袁绍又提到了永乐太后与诸宦官相勾结,扰乱朝政,心中更是怒火中烧。这永乐太后是谁?即是汉灵帝刘宏的生母董氏。按照汉代的礼制,皇帝的祖母、母亲和嫡妻皆有礼仪性专称。祖母称"长信宫",即太皇太后;母亲称"长乐宫",即皇太后;嫡妻称"长秋宫",即皇后。但是,当皇帝绝后,不得不从外地藩王中挑选一人来入继大统时,这位由藩王登基的皇帝,其母后就不能称"长乐宫"而只能叫"永乐宫"。一字之差,表示这位皇太后本非皇帝之妻,而是藩王之妻而已。古人对嫡庶区分之严格,于此可见一斑。汉灵帝刘宏,正是以藩王身份入继大统者,故而其母即被称为永乐太后了。

这位永乐太后,与其媳妇何氏,也就是少帝刘辩之母、大将军何进之妹,关系自来不睦,而且不是一般的妇姑勃豀,即后世所谓的婆媳矛盾。当初何皇后毒杀了王美人,王美人留下的孤儿刘协,即由董氏哺养。因此,董氏一直劝说儿子刘宏,立刘协而不立刘辩为太子。何后及其兄何进,从此把董氏恨之入骨。如今听说蹇硕与永乐太后关系非常,何进的怒火当然抑制不住了。

何进立即亲自召见袁绍,专门密商铲除宦官之事。二人商议的结果,认为在下手之前还必须加强自身的力量。在袁绍的推荐之下,何进迅速聘请二十余位足智多谋之士入京,授以机要官职。这批智谋之士,多是过去坚决反对宦官的党人。例如,袁绍的密友、过去隐姓埋名的何颙,即出任北军中候的要职。欲知这北军中候的官位何等重要,不可不先略说东汉禁卫军之组织及分工。

皇宫之内,各殿堂的门卫及皇帝随身护卫,统由光禄勋负责。其下有五官中郎将、左中郎将、右中郎将、虎贲中郎将和羽林中郎将五位分队司令官。殿堂门卫主要由前三者负责,随身护卫主要由后二者负责。

皇宫的各大门门卫,以及宫内流动巡查,统由卫尉负责。其下有北宫卫士令和南宫卫士令各一人,分别负责北宫和南宫之守卫。

皇宫宫墙之外的四周紧邻地区,也有军队日夜巡视,其官长为执金吾。

京城洛阳十二座城门,每门设门候一人,领兵盘查出入行人。十二门候之上,则设城门校尉以统之。

至于京城内外空间地区的拱卫,则统由北军中候负责。其下统有屯骑、越骑、步兵、长水和射声五大营精兵,每营设校尉一人指挥。

以上五部分禁卫兵马,从宫内逐渐扩展至宫外,形成一套完整周密的防卫系统。而其中最重要的部位,一是光禄勋所统的宫内宿卫,因为最贴近皇帝;二是北军中候所统的京城内外拱卫,因为其军队力量最强大。如果用现今的情况来比喻,光禄勋如同元首的侍卫长,北军中候则如同首都地区卫戍司令官。

出现了党人掌握要职的新情况,蹇硕再愚蠢,也感到危险正在袭来。他赶忙给诸位中常侍写信通报,信中写道:

> 大将军兄弟秉国专朝,今与天下党人谋诛先帝左右,扫灭我曹。但以硕典禁兵,故且沉吟。今宜共闭上阁,急捕诛之。

蹇硕的意思是,大将军何进联合党人,要消灭我们,只是因为我本人统领着禁卫兵马,所以他们才犹豫不决,现今我们要趁自己还控制禁卫兵权之际,抢先下手,而下手的办法,是待何进入宫奏事时关闭宫门,围而杀。关闭宫门围而杀之,这是东汉宦官暗算政敌的常用手段。殊不知此时的宦官们心也不齐。其中有一位中常侍郭胜,是何进的南阳郡同乡,当初何后之所以能得宠于灵帝,何进之所以能节节高升,与他大有关系。因此,何氏兄妹对这位郭常侍多有厚报。郭胜之心向着何氏,便向宦官首领赵忠建议说:"今大将军所恨者,唯蹇硕一人;若把蹇硕的头交给大将军,我们就可以高枕无忧了。"

赵忠对蹇硕这个年轻后生平素的趾高气扬看不顺眼,故而颇以郭胜之言为然。其余诸常侍皆同意此议,于是,公推郭胜把蹇硕的密信交给何进处置。

收拾一个孤立无援的蹇硕,何进也还胜任。四月二十五日庚午,也就是汉灵帝死后才半个月,蹇硕的人头便落了地。而蹇硕所握的兵权,亦落到何进手中。

初次较量大获全胜,作为策动人的袁绍不禁大受鼓舞。他趁热打铁,再向何进建议道:"先帝初登大宝之时,大将军窦武欲诛宦官而反为所害者,因秘密泄露而禁军官兵皆畏宦官使然也。今将军居帝舅之尊,兄弟并握强兵,部属均系天下英豪,乐为将军竭智尽力,此乃天赐良机,正当尽除内患,以建不朽英名。又将军受诏辅政领兵,身系国家安危,不宜轻出宫掖,以防不测。"

袁绍的建议有二:一是要何进抓住时机,把长期擅权干政的宦官势力彻底根除。二是要何进吸收前朝窦武打虎不成反受虎害的教训,注意自身安全。对于第二点建议,何进立即接受。他从此以重兵保卫自己,既不至灵堂为去世皇帝守灵,六月七日辛亥灵帝遗体入葬亦不参加。可是对于第一点建议,他却有自己的想法。

何进当初最想除掉的敌人主要是蹇硕,并不真心想把宦官全部斩尽杀绝,至少他对那位有恩于自己的郭胜就下不了手。郭胜与赵忠主动把蹇硕的阴谋揭发之后,何进对宦官的看法明显有所改变。他认为:宦官中有敌人也有朋友,有恶棍也有善士,岂可全部付诸刀斧?所以他对袁绍的答复是:诛宦官之放纵作恶者而不及其余。

袁绍立即申明必须全部清除宦官的理由，他慷慨陈词："宦官接近至尊，口含天宪，出纳王命。今如不悉数从宫中废除，此后必成大患，望将军三思！"

在这里，袁绍用了"废除"一词，而不说"诛杀"，算是有所让步。放纵作恶必须诛杀，温顺良善者可以回家，总而言之宫廷之中不能再有宦者存在，这就是"废除"一词之意。

何进认为袁绍的新说法可以接受。至于废除宦官之后宫廷中的有关事务，两人都觉得可以选拔一批德才兼备的士人入宫承担。计议既定，何进便入宫去见皇太后，向这位临朝听政的妹子禀告一切，请求批准。

不料何太后一听就坚决反对，她说道："中官（即指宦官）统领宫禁事务，乃汉家有天下以来一直施行之制度，岂能随意废除！再说先帝新弃天下（指死），我怎么能与青年士人面面相对朝夕共处呢？"

何进一听，觉得妹子所言也有道理。祖制不好擅废，就是废了，妹子年轻守寡，左右如果都是没有去除阳具的青年士人来侍奉，也确实不大合宜。但是，他哪里知道，上述理由都是他妹子早就想好用来搪塞兄长的。原来，何太后的生母，以及其同母兄何苗，都在暗中收受宦官们的贿赂。他们得知何进有意诛杀中官，生怕断了今后的财路，便极力在何太后面前做工作。他们不仅为宦官美言，而且利用何进是前母所生这一层隔阂，攻击何进"专杀左右，擅权以弱社稷"，似有夺取帝位之野心。生母和胞兄之言，何太后当然信之不疑，所以何进一开口，就碰了一鼻子灰。

袁绍得知消息，不禁气得咬牙切齿，暗中骂道："无知女流岂可与之议国事！"

冷静下来之后，他开始考虑下一步怎么办。如今自己为何进策划诛灭宦官之事,外间已微有所闻。势成骑虎,只有继续努力实现原计划,才是唯一的生路。那么怎样才能促成此事呢?他冥思苦想了三天,最后竟然想出一个后来导致一场社会大祸乱的馊主意来。

袁绍再次晋见何进,陈说不悉废宦官必定反受其害的道理,并且又把前朝三位大将军和一位车骑将军遭到宦官暗算的史实叙述一番。何进又心动了,但是表示无法说服太后。袁绍认为此事不难,只需如此如此即可。何进一听袁绍之计,不禁脱口称赞道:"本初智计,果然不凡!"

袁绍究竟向何进献了一条什么样的计策呢?

袁绍认为:太后乃是女流,女流生性胆小,因此可以下令征调镇守四方之猛将领兵入京,让他们声言要消灭宦官清除君侧,如此则太后必然恐惧,惧而请之,大事可成。

何进正要依计而行,秘密下达征兵令,不想在心腹部下之中,反对之声迭起。

首先提出异议的是大将军府的主簿陈琳。陈琳字孔璋,乃徐州广陵郡射阳县(今江苏省宝应县东)人氏。其人长于文笔,尤善章表奏议之类的公文,后来名列文坛"建安七子"之一。他在大将军府任主簿,相当于办公厅主任,自然与闻此等机要事务。他立即劝阻何进:"俗间有'掩目捕雀'之谚,黄雀小物尚不能以欺诈得手,何况国家大事乎?今将军总皇威,握兵要,龙骧虎步,生死在手,以此行诛除之事,有如鼓洪炉以燎毛发,易如反掌。只需速发雷霆,当机立断,即可一举成功,顺天安民。今弃利器而不用,反而求助于他人;外兵一旦入京,强者为雄,正所谓倒持太阿宝剑,授人以柄;届时功既不成,反致祸乱!"

接着,任御史台侍御史的郑泰、任尚书台尚书的卢植,都向何进上言,说征召外兵进京实无必要,而且祸患无穷。此时的何进,竟一改昔时优柔寡断的性格,变得刚愎自用起来。郑泰心知京城祸乱将至,于是弃官而归故乡,临行前只对人说了一句话:"何公未易辅也!"

征召外兵入京以求尽诛宦官,这个主意究竟如何,当时任典军校尉的曹操得知此事后,曾有一段客观公允的评语,他说:"阉竖之官,古今皆有,只不过君主不宜赋予他们信任和权力,以致让他们放纵不法到难以容忍的程度。今欲治其罪,当诛元凶,此事交付一狱吏就足够了,何必纷纷扬扬征召外将?一心想尽诛宦官,则势难保守秘密,败亡之祸,就在眼前了!"

这边的曹孟德在一旁发表高论,那边的何大将军已经发出了四道征兵入京的文书。四道文书分别召来四支劲旅,四支劲旅的兵锋均指向京城洛阳。由东面驰来的劲旅有两支,一支是来自兖州泰山郡(治所在今山东省泰安市东)的强弩手,一支是来自兖州东郡(治所在今河南省濮阳县)的铁甲兵。由北面驰来劲旅一支,是来自司隶校尉部河内郡(治所在今河南省武陟县西)的轻骑队。以上三支劲旅,分别由何进的幕僚王匡、东郡太守桥瑁和武猛校尉丁原统领,倒也能够听指挥从号令。唯有从西面驰来的一支劲旅根本不听招呼,因为他们的长官是一个混世魔王般的恐怖人物,名叫董卓。

董卓字仲颖,乃凉州陇西郡临洮县(今甘肃省岷县)人氏。其人生得身材魁梧,膂力过人,更兼擅长骑射,能在急驰之中左右开弓,箭无虚发。董卓少年从军,凭着一身超群的武艺,再加上杀人不眨眼的凶残,在军中节节升迁,最后当上了前将军兼并州牧。东汉的军职,以大将军居首,以下依次为骠骑将军、车骑将军、卫将军、前将军、后将军、左将军、右将军,以及名目繁多的杂号将军等。自右将军以上,都属于高级将领。董卓身为前将军，又兼并州牧（并州的主要地域在今山西、陕西省、内蒙古自治区），手握军政两权，也算是地位显赫的人物了。但是，他并不满足。目睹朝政日益衰乱，董卓野心勃勃，一心想凭借手中的骄兵悍将，攫取更大的利益。因此，朝廷征召他入朝廷任九卿之一的少府卿，他借故推辞；要他交出兵权，他公然上书拒绝。史称他"驻兵河东，以观时变"，"朝廷不能制，颇以为虑"。对于这样一个狡黠骄悍而难以对付的野心家，何进竟然给他发去一纸征兵入朝的文书，董卓岂不是要高兴得大呼一声"天助我也"么！

征兵文书发出之时，董卓的三千兵马正屯驻在京城以西四百里处的河东郡（治所在今山西省夏县西）。得到命令的当天，兴奋不已的董卓立即领兵上路，兼程东下。历史上空前残酷的"董卓之乱"，自此便拉开了序幕。

三天之后，董卓兵马来到京城以西一百五十里处的新安县（今河南省义马市）县境。按照何进的授意，董卓向朝廷上了一道声讨宦官的表章，其辞曰：

> 中常侍张让等，窃倖承宠，浊乱海内。臣闻扬汤止沸，莫如灭火去薪；溃痈虽痛，胜于内食。昔赵鞅兴晋阳之甲以逐君侧之恶，今臣辄鸣钟鼓如洛阳，请收让等，以清奸秽！

大意是说，张让等宦官，仗恃受宠，败坏国政。消除祸乱应当采用彻底手段，灭火抽薪，切除脓疮。我现在仿效赵鞅清除君主旁侧的恶人，所以统领军队前来洛阳，请求逮捕张让等人，清扫奸凶污秽。这道杀气腾腾的表章送到何太后面前之际，其余三支劲旅已经抵达洛阳的远郊。进驻城东北三十里处孟津渡口的丁原，先就放起火来，入夜之后火光远照洛阳城中。一时间，京师内外空气骤然紧张。

作为这一切的幕后策划者袁绍,心中颇有几分自得之感。但是,这种自得之感很快就消失无余,因为从宫中传来消息:何太后根本不吃外面这一套!她自小生在屠宰牲口之家,利刃呀,鲜血呀,见得多了。轻飘飘的一纸奏章,远远的几把火,根本吓不住她。

事到如今妹子仍然不让步,何进不禁又犹豫起来。他连忙命令四支外兵停止前进,原地待命。王匡、桥瑁和丁原三将,都遵命不前,唯有董卓置若罔闻,催军疾进,一直来到京城西面不过三四十里处的河南县(今河南省洛阳市),才传令下寨安营。

此时此刻,袁绍心中焦虑万分,他生怕何进完全改变主意,到时候自己难免要与何进同受灭门之祸。想来想去,觉得只有拿危言去恐吓何进,才有挽回局势的可能。于是,他立即赶到大将军府,对何进再次进言:"而今将军与中官之交恶已成,意图已露,将军还不早作决断更待何时?事久则变生,届时将军便是窦武第二!"

这番话果然产生了预期的效果。何进重新下定决心,立即任命袁绍为司隶校尉、假节,专门负责对付宦官。同时,又任命另一位心腹幕僚王允为河南尹。

按照东汉的制度,全国分为十三州。州长期沿袭西汉旧制,属于监察区,其长官为刺史,作为皇帝的特派使者,检查本州之内各处郡县官员,以及豪强大族的不法行为。到了袁绍所在的东汉晚期,州又演变为具备实际权力的行政区,其长官或为刺史,或为州牧。于是郡县两级制,就变成了州郡县三级制,州辖郡,郡统县,县之下的基层机构是乡、亭。但是,京城洛阳和西都长安所在的州,不称某州而特名为"司隶校尉部",其长官也不称刺史或州牧,而特名为"司隶校尉"。司隶校尉的职任,主要还不在治理本州的民事,而是监督、纠举并且处置京内百官以及京城附近地区行政官员中的违犯法律者。

另外，汉代又常常针对负有重要使命的臣僚，授给一种特别的器物，也就是节，以加强其威权。节用竹制成，柄长八尺，约合今一百九十二厘米，其端系有黄色牦牛长尾。凡以"持节"或"假节"名义持有节杖的臣僚，即有代天子行使所受特权之意。司隶校尉若再假节，那就拥有了处死违犯法律者的权力。两汉以来，凡是朝廷想要整肃京城吏治和不法权贵之时，都要起用一位不畏权贵敢作敢为的人物来充任司隶校尉，故而司隶校尉有"雄职"之称。远者不说，就在汉灵帝之时，即有一位阳球出任司隶校尉，他上任之后，便把为非作歹的掌权宦官中常侍王甫父子，以及附从王甫的太尉段颎收监下狱。经过一番严刑拷打，王甫父子悉死于刑杖之下，身为三公的段颎被迫自杀。一时间，京城畏震，宦官屏气，风化肃然。

何进现今把袁绍安到司隶校尉这一雄职之上，又让心腹幕僚王允出任京城地区的郡级行政长官河南尹，与他密切配合，其用意是十分微妙的。你袁绍不是坚决主张诛锄宦官么？好，我大力支持你。但是我总不能亲自领兵入宫去抓宦官呀。现今我委任你为司隶校尉，并假以汉节，就请你学习阳球，放开手脚去干吧。

策动别人是何等慷慨激昂的袁绍，到了这时却露了怯。阳球把宦官收拾得痛快淋漓，后来反被宦官送上西天，连妻子儿女都跟着倒了大霉，全部流放到边荒之地。他不愿意落到阳球的下场，也就不会仿效阳球的作为。因此，袁绍就职之后，表面上派出部下去监察宦官，但在实际上并未采取行动。他真正的行动，是暗中指使董卓等四位外兵将领不断向朝廷驰送奏章，强烈要求进军京城以清君侧。袁绍的心思，是要迫使何太后本人来处置宦官，这样自己就可免除后患了。临大事而存私心，此乃袁绍品性中的一大弱点。

到了这时，何太后也才生了一点畏惧心。她发出指示：除了大将军信得过的少数人外,其余所有的宦官,全部出宫就居民宅。这一来,骄横不法的宦官们也慌了神,诸位中常侍、小黄门都来到大将军府请罪,任何进处置。望着地上跪伏哀哭的一大群宦官,何进不禁有几分心软,便呵斥诸人各自离京还乡,自谋生路。

作为司隶校尉的袁绍,此际若动手收拾惩治宦官,不仅名正言顺,而且易如反掌。但是,他没有动作,仍然想借刀杀人。史称"袁绍劝进便于此决之,至于再三,进不许"。何进不愿开杀戒,袁绍又想了一个转弯抹角的办法来逼他下手。袁绍假冒何进的名义,向州郡地方政府下达文书,命令他们收捕宦官家属,以造成何进骑虎难下的局面。这一办法岂不延误时日?结果就在此一延误的间隙之中,宦官们反而抢先下了手。

原来,中常侍的头领张让,最是阴险狡猾。他的养子之妻,即是何太后之妹。凭了这一层关系,张让向何太后说了一通花言巧语,何太后便又允准诸常侍返回皇宫。

宦官回宫,何进才觉得情况不大妙。八月二十五日戊辰,他匆匆入宫求见太后,再次请求太后下诏诛杀宦官。其实,以何进当时的权力和地位,他完全能够不经太后允准而径行处置诸宦官。可是,他的毛病同袁绍一样,也总想借他人之手杀人。结果,就在他与太后妹子会见之后出殿之时,便被张让等数十名宦官拥至嘉德殿前,一阵乱剑砍死。

何进的部将吴匡、张璋,最先得知长官被害的消息,二将立即点起大将军军营中数千兵马,并会同虎贲中郎将袁术,一起进攻何太后与皇帝所居住的南宫,要求交出凶手。顿时,平素警卫森严的皇宫门内外,杀声动地,火光冲天。

张让等人得报,连忙部署宫内警卫人员拒守。同时,趁着暮色渐浓，率领诸宦官，带上小皇帝刘辩和皇弟刘协，从南宫北面的复道逃到北宫。东汉洛阳的皇宫，由南宫与北宫两大部分组成，两宫之间有不大的距离，其间使用复道连接。所谓的复道，又称阁道，即今日的空中天桥。张让等人逃到北宫之后，司隶校尉袁绍才知道宫内发生了大变故。

此时此刻，他不能不亲自动手了。袁绍立刻率领家兵，连同司隶校尉府中的卫士，直奔北宫的南大门。刚到南大门的朱雀阙下，便碰到趁乱打开南宫北面小门逃出的另一拨宦官，为首的就是中常侍另一个头领赵忠。赵忠就是六年前说袁绍"坐作声价，不应辟召而养死士"的那一位擅权的老宦官。今日相见，袁绍自然放他不过，先一阵乱刀，把这个"天子的老娘"砍死，然后挥兵攻打北宫的南大门。

大难临头，聚集于北宫的宦官们纷纷出逃。他们哪里知道，袁绍的兵马一直在北宫周围巡逻，一旦发现宦官，立即不分老少就地杀死，所以出逃者无一幸免。被切割了生殖器官的宦官，其显著的特征是面部无须，兵士便认准面部无须的男人开刀，以致有的本非宦官的无须男子，也误做了刀下之鬼。其后人们猛然醒悟：宦官的胯下是没有阳物的！一旦被误抓，赶紧脱裤显露那救命的证据。就是如此，在不到两天的时间里，也有两千多人头颅落地。

八月二十七日庚午，袁绍的兵马攻破北宫的南大门端门，进入承明堂。张让等数十名幸存的宦官，见大势已去，急忙背负刘辩、刘协兄弟，悄悄从北宫北面的一道小门溜出皇宫。北宫的北墙，距洛阳城的北城墙不远，所以张让等人步行出宫之后，很快就从城北的谷门出城，直奔北面三十余里处的黄河渡口——小平津。

袁绍闻讯，立即率兵急追。当夜，走投无路的宦官全部投黄河自杀。至此，擅权干政近百年之久的东汉宦官势力，终于被彻底消灭了。

八月二十八日辛未清晨,袁绍来在城北二十里处的北芒山,迎接少帝刘辩兄弟回宫。他立马山头,南望那巍巍帝京,颇有几分顾盼自雄的意味。诛锄宦官的不世奇功,已由我袁本初一手建立起来,此后主汉家天下沉浮者,舍我其谁?

但是,他没有想到还有一个董卓。这正是:

    杀尽宦官休得意,强兵悍将又来临。

要知道此时的董卓将会如何动作,袁绍又如何应对这个混世魔王,请看下文分解。

五　悬节出京

只用了三天三夜的时间，就把宦官悉数诛灭之后，袁绍便陶醉在眼前的成功之中，以致把一个最为紧迫的问题也忘到九霄云外。这个问题，就是如何处置四支应召而来的外兵。

当初征召外兵的目的，是要逼迫何太后清除宦官。如今宦官已经全部扫荡干净，外兵即无停留京都的必要。特别是董卓这一支边塞劲旅，领兵官是不服朝廷节制的悍将，部属均为喜杀好战的骄兵，让其进入繁华富庶的京都，必生祸患无疑。因此，宦官一旦消灭，遣返四支外兵便是维持中央政局稳定的首要大事。

征召外兵的主意是袁绍出的，遣返外兵的任务自然也应由他来承担，所谓解铃还须系铃人是也。何况他在此际也完全能够承担这一任务。何进一死，京师百官中就数他威望高和实权大。再说他能够一气捕杀二千多名宦官，手中至少也拥有两千人的兵力。他袁家在京城还有众多的门生故吏，潜在势力相当强大。反观四支外兵，也主要只有董卓一军不听指挥，而董卓当时的人马不过三千。实在不得已，使用武力手段强行驱逐，袁绍也能操胜算。

可惜，袁绍完全没有及时采取行动，因而他也不能不自食恶果。

八月二十七日庚午，诸常侍挟持天子兄弟乘夜出逃。当晚，宦官全部投河自杀，唯余十四岁的刘辩和九岁的刘协。在小平津渡口与洛阳城之间,有一座东西绵亘的浅山,这就是著名的北芒山(今河南省洛阳市东北邙山)。小皇帝兄弟二人在漆黑的荒野之中,追随着微弱的萤火虫光,向南摸索前行。到了天色大明之际,才走到北芒山的南麓,此处距小平津不过十余里。

此时,袁绍与闻讯赶来的朝廷公卿大臣,齐集于北芒山前恭迎圣驾。群臣施礼问安之后,便簇拥着小皇帝兄弟继续南行回城。君臣刚刚动步,忽然间西南方向黄尘大起,一支上千人的骑兵队伍疾驰而来。为首一员将军,身材肥壮,满面杀气,众人仔细一看,原来是前将军兼并州牧董卓。

董卓得知京城有变,立即领兵从河南县奔赴洛阳,并屯驻于洛阳西郊的显阳苑内。八月二十七日夜,董卓望见城中火光冲天,情知有异,连忙催军东进。到得西城门下,已是半夜过后。他听守城兵士说,皇上已经与陈留王(即少帝之弟刘协)出宫往小平津去了,他也不入城,即由郊外径奔城北。及至黎明,正好与回城的队伍相遇在北芒山下。

数日来饱受惊吓的小皇帝刘辩,一见又有大兵奔来,不禁吓得啼哭不止。朝廷群公一面安慰皇帝,一面上前阻挡来兵,并向董卓喊道:"有诏令将军退兵!"

董卓用马鞭把传令之人一拨,高声对众官言道:"诸公身为国家大臣,不能匡正王室,反使至尊备受惊扰,有何资格令我退兵!"

群公无言以对。董卓径自上前与皇帝言语,刘辩见他一脸凶相,早已吓得语无伦次。董卓不耐烦,便转头问陈留王刘协昨夜出逃之经过。九岁的刘协听了董卓与兄长的谈话,最初的紧张心情很快消失,所以在董卓转头与他交谈时,口齿清楚,叙述周详,立刻使董卓产生了好感。于是董卓怀抱刘协,骑马与众人回城。

就在董卓旁若无人一般与皇帝兄弟二人对话之际，站在袁绍身旁的一位将军，把袁绍拉到一旁，悄悄说道："董卓拥强兵，怀异志，举止不逊，今不早图，将受其制。趁其兵马初至疲劳之机会，举兵突袭，必可擒之！"

袁绍心中怦然一震。说话人是谁？听口音他就知道是密友鲍信。鲍信生自兖州泰山郡东平阳县（今山东省新泰市）一个儒学世家，其人少有大志，沉毅多谋。何进辅政，特别任命鲍信为骑都尉，并派他回家乡招募兵马入京，以威胁何太后诛杀宦官。鲍信募得千余精兵后即回返洛阳。可惜来迟一步，他抵达洛阳城东一百里处的成皋县（今河南省荥阳市西）时，何进已经遇害。鲍信得报后急驰入京，正好赶上公卿迎接天子回宫这一幕。

对于鲍信，袁绍一直非常尊重。但是，袁绍听了密友之言却毫不作声。倒不是觉得荒郊路上并非议事之处，而是他对董卓有自己的认识。这种认识含有两面，一面是轻视，另一面则是畏惧。

袁绍对土包子气十足的董卓是很瞧不起的。他认为：在边荒草原牛马群中长大的董卓，打仗冲锋或许是当行本色，要想在朝中当国秉政绝对没有这等本事。因此，说他有什么政治上的"异志"，恐怕有点多虑了。

袁绍对悍气十足的董卓又是有几分畏惧的。这种杀人如麻的角色，犹如路上碰见的野狗，你根本不理它，多半无事；你一理它，倒很可能被咬一口。既然袁绍有此畏惧之心，用武力解决董卓的冒险行动他当然不会考虑。

此后袁绍对鲍信的建议一直避不作答。鲍信深感失望，并且认定董卓将给京城带来一场大灾难。"君子见机而作，不俟终日"，他想起《周易·系辞》中的名言，立即离京返还故乡提前避乱去了。

就酿成后来残酷的"董卓之乱"而言,力主征召外兵入京以逼迫何太后,是袁绍所犯的第一个错误;未能听从鲍信的建议尽早及时以武力制伏董卓,则是他所犯的第二个错误。这两大错误都很明显,是后世的史家经常提及的。但是,紧接着袁绍竟然又铸成了后世史家很少提及的第三个错误。这就是未能及时收编汇聚京城的散兵游勇,致使董卓坐大自雄。

当时,洛阳城中的散兵游勇不下万人。何进一死,大将军府所辖的各营禁卫军士兵随即溃散。在进攻皇宫的混战中,车骑将军何苗,也就是何进的异母弟、何太后的同胞兄,被何进的部下杀死,其所统领的军队也成了无首的群龙。如果袁绍在诛灭宦官之后,立即着手收合散乱的兵马,再加上自己原有的部属,其拥有的力量必是上万精兵,首屈一指。只有三千步骑的董卓,也必不能为所欲为。但是,袁绍当时虽然完全有如此作为的威信和地位,却并未看到这至关重要的一着棋。

这步至关紧要的棋,袁绍不下,董卓却抢先落了子。董卓一入洛阳城,所做的第一件事,就是大力收合招募散兵游勇。俗话说:"当兵吃粮。"谁能够给粮食吃,那就跟谁好了,所以散兵游勇纷纷投到董卓军营来吃粮,史称当时"进、苗部曲无所属,皆诣卓"。董卓开始大力招兵买马,袁绍不可能不知道。此时如果袁绍立即警醒并采取同样行动,也还可以挽回局势,因为在京师军士们的心中,袁绍的吸引力和感召力,要比董卓大得多。然而很可惜,袁绍对此没有任何反应。难怪后来曹操对他有一个"见事迟"的中肯评语。

董卓把京城中的散兵游勇悉数收归帐下之后,又立即开始动手吞并丁原所带来的那支外兵。他以重赏收买了丁原手下的悍将吕布,令吕布杀死丁原,从而把丁原手下的数千人马抓到自己手中。数日之中，董卓的兵力已从区区三千扩张到上万之众，于是"京都兵权唯在卓"。看来，刀把子里出政权，董卓对此早就深刻地认识到了。

手握强兵，董卓便开始过问政治。他一表示意向，朝廷只得任命他为三公之一的司空。出任三公之后董卓所做的第一件事，即是废黜刘辩改立刘协为帝，史籍称之为"废嫡立庶"。

先前在北芒山下迎接皇帝，董卓就对刘协很有好感。其后，他得知刘协自幼由永乐宫董太后哺养，自认为与董太后有同族之亲，遂萌生改立刘协为帝之心。废嫡立庶，乃是违背典制之事；以臣废君，更属大逆不道。但是，董卓哪里会管这一套，他就是要做以臣废君、以庶代嫡的不道之事，看你们朝廷衮衮诸公又其奈我何！

在朝诸公之中，董卓只看得起袁绍，所以在把废立之事提交朝臣讨论之前，他先向袁绍透露了自己的想法，他说："皇帝年少昏庸，不配为万乘之君。陈留王较皇帝为优，今欲立之。人年少时聪慧而成年后反而变愚钝者，时有所见；陈留王将来是否会如此，亦未可知。然而改立总比不改为佳，卿不见灵帝之无道乎？每想其人其事，总令人愤慨不已！"

董卓认为少帝刘辩有可能成为汉灵帝第二，所以应当改立比刘辩更好的刘协。此言一出，袁绍才知道对方的政治野心着实不小。因为在汉代，敢于以臣废君者，必是独揽朝政的权臣。董卓此时不过是三公中地位最低的司空，却俨然以朝政的操纵者自居，这使自尊心极强自视甚高的袁绍大受刺激，他立回答道："汉家君临天下四百余年，恩泽弘广，深得百姓爱戴。当今皇帝年虽冲幼，未闻有不善之言行宣流天下。您意欲废嫡立庶，恐怕众人不会同意啊！"

董卓岂能容忍他人有异议，不禁勃然变色，对袁绍骂道："小子！天下之事由我决断，我今要行废立之事，谁敢不从？你以为董卓的刀不锋利么！"

袁绍自二十岁左右正式进入官场，十六七年来到处受人敬重，几曾受过这样的斥责？何尝被人骂作"小子"？他立即回敬道："天下之强者，岂止你董公？"

说罢，他从容起身，横捧自己的佩刀，双手高举作一长揖，然后转身出堂而去。

所谓"长揖"，乃是一种礼节姿势，即行礼人端正站立，双手相合上举，而后弯腰，双手相合向下至极低处。这是汉代同级官员相见之礼。如官位不同，则官卑者一般要向官高者行跪拜之礼。依照汉代官仪，司隶校尉本是皇帝派出来督察京师地区的特使，与列侯、外戚和三公身份平等而"无尊卑"；而且每逢众官聚会，身负特殊使命的司隶校尉还可以"后到先去"。因此，袁绍对董卓作一长揖为礼，并且自行退席，都是合乎礼仪之事。唯有一点，即作揖为礼时应当双手持捧手版，也就是朝笏。而今袁绍却手捧佩刀，这明显是针对董卓那句"你以为董卓的刀不锋利么"而采取的示威动作。

二人的会谈不欢而散。在旁作陪的董卓幕僚中有袁绍的朋友，他们都对如此结果感到意外和不安。好在董卓虽然愤怒难抑，却并未动手收拾袁绍。他认为：自己新入京都参政，袁氏家族名高势大，不妨暂时放袁绍一马，以示宽容，等以后再说。

这边的袁绍回到府邸，心情渐渐冷静之后，反而生出强烈的不安来。他总觉得董卓要对自己下毒手。到了这时，他才后悔当初不该建议征召此人领兵入京，后悔未听鲍信之言先下手收拾此人，防患于未然。但是，大错铸成，后悔也无用。为今之计，只有走为上策，留得青山在，不怕无柴烧。主意打定，他便着手做动身离京的准备。

次日清晨，袁绍带领百余名心腹随从，一律乘骑塞外名马，全副武装，护卫着自己的妻子儿女，由洛阳城东北角的上东门悄悄出城，直奔正东大道。自从何进身亡之后，京城混乱异常，十二城门也无人驻守。因此，袁绍通过上东门时，没有任何守门军队盘查。袁绍出门后，回马望了望在晨曦中巍然屹立的皇宫，长叹一声，顺手把那根象征司隶校尉威权的八尺汉节悬挂在城门的门钉之上，然后拨转马头，猛抽一鞭，向东疾驰而去。

袁绍悬节出京，取道正东，经巩县（今河南省巩义市西）、京县（今河南省荥阳市东南）、中牟（今河南省中牟县东），直奔四百里外的兖州陈留郡首府陈留县（今河南省开封县东南陈留镇）。按照陈寿《三国志》的说法，袁绍出京之后，即直接"亡奔冀州"。然而这一说法是不准确的，或者说是省略了中间一段重要的过程，因为七年之后，也就是东汉献帝建安元年（196）十月，袁绍曾经给朝廷上了一道表章。表章中自述出京逃亡经过时说："会董卓乘虚，所图不轨。……故遂解节出奔，创谋河外。"他自己明确说明当时"出奔"的地方是"河外"而非冀州。秦汉时称黄河中下游南岸地区为河外、北岸地区为河内。而东汉当时的冀州，主要地域在今河北省，其辖地均在黄河之北。由此可见，袁绍并非直奔冀州。

事实上，他出逃的目的地，乃是黄河以南的兖州。这是他在出逃之前就考虑好了的，因为他在洛阳结识的同志密友，此时多在兖州任职。他们当中，有兖州的刺史刘岱、兖州属下东郡的太守桥瑁、陈留郡的太守张邈，还有两位回家乡泰山郡招兵买马的京官，即鲍信和王匡。这些人此时都在兖州不说，而且哪一个不是他的生死之交？此外，兖州山阳郡的太守袁遗，更是他的堂兄。所以逃往兖州，不仅生命无忧，而且还可以试一试组成反董联盟的可能性。有此两条好处，袁绍岂会舍兖州而他往呢？

三天之后,袁绍进入兖州西部的陈留郡辖境,受到老友张邈的热情接待。由于陈留郡距洛阳还不甚远,并非绝对安全,所以在此稍作停顿之后,袁绍又起程赶往东面四百里外的昌邑县(今山东省金乡县西北)。

当时这昌邑县,既是山阳郡的郡治,也是兖州的州治所在,城坚池深,民殷物阜。在这里,他又受到兖州刺史刘岱、山阳郡太守袁遗的夹道欢迎。袁绍把妻室儿女安顿在这十分保险之处,托刘岱与袁遗照顾,自己则轻装简从,在兖州的下属各郡之间展开串联活动,企图组织起一个反对董卓的政治军事联盟。

京城这头的董卓,得知袁绍携家出逃,不禁气得怒目圆睁,虬髯乱抖。他看了看手中那根袁绍丢弃的黄旄汉节,猛然将其掷在地上,命令有关官员从此不得用黄色牦牛尾装饰汉节,而要改用赤红色的节旄。同时,又向东方州郡发出紧急文书,要求逮捕逃犯袁绍。

下达了逮捕袁绍的命令,董卓马上着手进行废旧君立新君之事。他想:我好心尊重你袁本初,你却不受抬举,难道离了你,我就不敢行事不成!我就立刻做给你看一看。

八月三十日癸酉,也就是袁绍出逃的当天,董卓便召集百官公卿于朝堂,宣布了自己废嫡立庶的主张。

九月一日甲戌,董卓召群臣会聚于崇德殿,以何太后的名义,立刘协为帝,废少帝刘辩为弘农郡王。

九月三日丙子,董卓以何太后对永乐宫董太后忤逆不孝,缺妇姑之礼为由,毒杀何太后及其老母,何氏灭亡。

九月十二日乙酉,董卓自任太尉,封郿县侯,持节,加斧钺、虎贲,兼任前将军,正式成为专擅国政的首辅大臣。

董卓正式当国之后,回过头来又加紧搜捕袁绍。此时,董卓挟天子以令州郡，兖州的地方官员承受着很大的压力。在袁绍处境日益艰难的时刻，他在京城中的三位朋友开始伸出援助之手。

这三位朋友而今都在朝中供职，并且都受到董卓的信任，他们是议郎何颙、侍中周毖和城门校尉伍琼。何、周、伍三人，见董卓必欲活捉袁绍，不免为故人担忧，遂向董卓进言说："夫废立大事，非常人之见所能及。袁绍不识大体，冒犯明公，恐惧而出逃，并非怀有其他目的。今急欲捕之，反将逼出变故。袁氏树恩四世，门生故吏遍于天下，假如袁绍情急而收合人众，英雄借机并起，则京都以东之州郡就不再归您所有了。不如赦免他的罪，赐以郡太守之职，则袁绍喜而归心，必无后患了。"

这一番话处处为董卓设想，相当动听，董卓颇以为然。于是，他派出使者东去兖州，向袁绍传达朝廷旨意，不仅赦免袁绍，而且任命袁绍为冀州勃海郡（治所在今河北省南皮县北）太守，封邟乡（在今河南省汝州市东北）的乡侯，兼前将军。要知道这前将军，原本是董卓自己兼任的军职，现今他转送给袁绍，其笼络示好之意，由此可见一斑。

在兖州四处流亡的袁绍，突然得到这样的厚待，内心深处确实高兴。但是，他把喜悦之情深藏不露，装着视之淡然的样子接受了董卓的人情。为了表示自己对董卓的人情并不看重，他只接受了勃海郡太守的职务和邟乡侯的爵位，而把前将军的军职原璧奉还。对外交际，则自称勃海太守兼司隶校尉，以示不忘少帝与何进之意。这种种微妙的心思，说穿了无非四个字，即故作姿态是也。

时值寒冬，大雪纷飞。勃海郡太守袁绍，把家属留在昌邑县，单身前往勃海上任。他之所以单身前往，是因为并不想在勃海久留。他行前已经打定主意，当年的年底便要发起一场重大的行动，即组成

联军讨伐董卓。这正是:

    逃出京城奔勃海,雄心勃勃起联军。

  要知道袁绍如何发动起声讨董卓的联军,从而导致后来的群雄割据,请看下文分解。

六　结盟讨董

袁绍出京逃亡兖州,其目的之一即是企图在那里组织起一个反对并声讨董卓的联盟。因此,一到兖州,他就开始大串联活动,用他自己的话来说,即是"引会英雄"而"创谋河外"。

讨董的理由当然非常冠冕堂皇,董卓擅行废立,酖杀太后,专擅国政,图谋不轨,实属十恶不赦,天下义士岂能坐视而不同心讨伐?但是,就袁绍而言,其真正的动机还是想要在政治上寻求一条出路。这里所谓的"出路",不单指躲避眼前被搜捕的危险,更主要的还是指今后长远的前途。袁绍一直认为:以自己的门第、声望、才干和社会交往,完全可以做一番主汉家天下沉浮的大事业,普通的一官半职只能吸引燕雀,岂能留得住志存高远的鸿鹄?有了这样的心思,他就总想一鸣而惊天下。建议尽诛宦官是如此,而今企图组成讨董联盟也是如此。

经过袁绍的串联,决心参加反董讨董联盟的第一批成员,有兖州刺史刘岱、东郡太守桥瑁、陈留郡太守张邈、豫州刺史孔伷、山阳郡太守袁遗等人。另外,弃官回到家乡泰山郡的鲍信和王匡,还有逃亡回家乡豫州沛郡谯县(今安徽省亳州市)的曹操,逃奔荆州南阳郡(治所在今河南省南阳市)的袁绍异母兄弟袁术,也都先后加入了这一联盟。起事的时间,初步定在当年的年底。

把反董讨董联盟的架子搭起来后,作为倡议者的袁绍却忽然发起愁来。因为起事在即,而他这个首谋者却还两手空空,没有一支属于自己的坚强武装力量。就在他愁眉紧锁之际,董卓的任命文书送到了,袁绍不禁高兴得大叫一声:"真乃天助我也!"

袁绍何以兴奋如此?原来,那冀州处于黄河之北,人口殷盛,民风劲悍,自来是天下精兵的主要来源地。而冀州下辖的九个郡之中,又以勃海郡人口最多,东汉后期登记在册的户口数,即达十三万二千户、一百一十一万口之众,是九郡中唯一一个人口逾百万大关的。其余诸郡,人口最多仅有六七十万。再者,东汉中期之后,地方秩序日见动荡,为了稳定局势,原本只管行政事务的郡太守,往往要兼任本郡地方军队的将军,故而被称为"郡将"。换言之,郡太守在地方有征召军队之权。如今袁绍得任百万人大郡的太守,组织一支直属部队的难题不是迎刃而解了么?

因此,尽管时值严冬岁暮,且又将离妻别子,袁绍仍然意气风发情绪昂扬,赶往昌邑县正北七百里外的勃海郡去了。

袁绍北赴勃海后不久,陈留郡太守张邈的府中,即来了两位官员。一位是徐州广陵郡(治所在今江苏省扬州市西北)的太守张超,另一位是张超的首席幕僚臧洪。张超乃张邈之胞弟,他风尘仆仆赶到陈留,是要同家兄商量一件大事。这件大事,竟然也是举兵讨伐董卓。

事情最先是由臧洪提起的。臧洪字子源,乃徐州广陵郡射阳县(今江苏省宝应县东)人氏。其人体貌魁梧,志气慷慨,更兼才能出众,故而张超礼聘他为自己的幕僚长,郡中事务都托付给他。董卓废帝杀后专擅朝政之后,臧洪义愤填膺,立即向张超进言道:"主公世受皇恩,兄弟并居大郡,今王室倾危,贼臣未诛,此诚天下义烈之士报恩效命的时机。广陵大郡，吏民殷富，义旗一举，可得二万兵众，以此诛除国贼，为天下表率，乃是合乎大义之举！"

张超深以为然，所以就同臧洪一起到陈留郡来见家兄。

此时，张邈正在郡治西北百余里处的酸枣县（今河南省延津县西）一带作起兵的准备，一听家弟亦有此心，当然十分高兴。在同臧洪言谈之后，张邈对臧洪大为器重，于是又派臧洪去见刘岱、孔伷等盟友。刘岱和孔伷也很赏识臧洪。臧洪俨然成为袁绍之后又一个反董联盟的联络人，在他的推动之下，起事的时机日益成熟。

转眼便到了年底。兖州刺史刘岱、豫州刺史孔伷、陈留郡太守张邈、东郡太守桥瑁、广陵郡太守张超，都如期领兵来到陈留郡的酸枣县。这酸枣县北枕黄河，西通洛都，是一处军事冲要之地，故而被选为诸军集中的大本营。众人来到酸枣，作为地主的张邈便指挥部属，修建结盟誓师的土坛和广场。就在万事俱备，只待众人公推的盟主袁绍前来主盟之际，从冀州方面忽然传来可靠的消息：袁绍被冀州牧韩馥用兵管制约束，无法脱身南来了。

这是怎么一回事呢？

韩馥字文节，乃豫州颍川郡（治所在今河南省禹州市）人氏，时任冀州牧之职。两汉时期的州，在较长时间内主要是一种监察区而非行政区，其监察长官叫做刺史。刺乃"刺奸"之刺，意思是察举打击不法的官员和豪强。在东汉灵帝时，又在地位重要而秩序不宁的州设立州牧，以便统一军政权力。凡称州牧，即是该州军政两兼的长官，不只负责监察而已。州刺史的级别官品，比郡太守都要低，而州牧则比郡太守还要高。董卓控制国政之后，韩馥从较低的御史中丞跃升三级，得任大州的州牧，不免对董卓有感激之意。而袁绍到冀州下属的勃海郡上任之后，颇得冀州士大夫群体的拥戴，韩馥也生怕此人动摇自己的位置,所以对袁绍的动态极为注意。袁绍在勃海大力招兵买马的消息传来,韩馥坐卧不安,因为无论此举现时是否针对自己,袁绍拥有强兵,对自己都是潜在的威胁。于是,他以袁绍直属上级长官的名义,派出一支军队到勃海郡,并由几名干员指挥,对袁绍实行监管。袁绍猝不及防,而且也不愿意把自己辛辛苦苦拉起来的部队拿来与韩馥孤注一掷,便只得老老实实地待着。当然他也派出心腹潜往兖州,向刘岱等人通报消息,要他们从外部想办法帮自己脱身。

与此同时,韩馥手下的一位名叫刘子惠的主要幕僚,也把韩馥如何监管袁绍使之不能举兵的情况,写信告诉了刘岱,此事更得到进一步的证实。众人紧急商量的结果,决定了以下三条办法。

第一,诸军既已集中,形迹显露,起兵之事只能马上举行而不能推迟。兖、豫二州一旦起事,必定天下响应,这对韩馥将形成很大的压力。

第二,由桥瑁伪造一封京城三公共同签发的公文,内容是历数董卓之罪,说明国家倾危,希望各州郡齐举义兵,以解国难。这封公文写好之后,桥瑁将派专使送往紧邻的冀州,就说兖州诸郡已经传阅,并将应命举兵,以逼迫韩馥做出抉择。

第三,由刘岱亲自回信给那位刘子惠,请他转告韩馥,如果坚持亲董立场,不让袁绍起兵,那么联军在击破董卓之后,便将掉转兵锋,合力进攻冀州,向韩馥问罪。

计议既定,东汉献帝初平元年(190)春正月,刘岱、孔伷、张邈、桥瑁和张超五支义兵,便在酸枣县的坛场整队誓师。五人公推臧洪登坛主持歃血结盟仪式并宣读盟文。消息迅速传开,曹操和鲍信、鲍韬兄弟,也在酸枣县东南三百里外的己吾县(今河南省宁陵县西南)

起兵响应。接着，王匡起兵于河内郡（治所在今河南省武陟县西），袁术起兵于南阳郡（治所在今河南省南阳市）。一时间，讨董之声四起，天下为之震动。

再看冀州那边的情况。桥瑁伪造的那封假三公文书，很快送到冀州的首府邺县（今河北省临漳县西南）。韩馥是一个凡庸之才，遇到此类棘手之事便有些不知所措。他只好召集幕僚问道："为今之计，当助袁氏呢，还是当助董氏呢？"

正直爽快的刘子惠立即回答道："今兴兵为国，何谓袁、董！"

韩馥自知所言不当，不禁面有惭色。刘子惠见主公很觉难堪，连忙和缓语气进言道："兵者凶事，不可为首，可先注意其他州郡动静，再作定夺。"

韩馥很觉有理。但是，当兖、豫等州起兵的消息传来之后，他仍然迟疑不决。刘子惠无奈，只得把刘岱说今后将把韩馥作为国贼帮凶对待的信件呈交韩馥。韩馥阅信后的第一反应是恐惧，马上写了一封表示歉意的书信驰送袁绍，同时在信中历数董卓之罪，表示冀州亦将参加以袁绍为盟主的讨董联军，并热切盼望袁绍前来邺城，为冀州加盟而重新主持结盟誓师的仪式。第二反应却是恼怒，恼怒刘子惠将冀州内部矛盾通报外人，致使自己处于千夫所指的境地。他立即下令处死刘子惠，幸好其他幕僚挺身相救，刘才得免一死，但仍被罚做苦工以示惩戒。

袁绍恢复自由，大为兴奋，随即着手调集勃海郡内数千精兵，筹备粮草，直奔西南七百里外的冀州首府邺县。待他赶到邺县之时，已是当年二月的月底了。

此处需要说明的是，以上各州郡组成讨董联军的经过，均见于正史《三国志》、《后汉书》等确凿记载。但是，后来罗贯中《三国演义》，将起兵的策动者写成曹操，是由曹操向袁绍送去一通假传的诏书，也就是所谓"矫诏"，袁绍这才通报各州郡起兵声讨董卓，这是不明白真实情况的误说。另外，《三国演义》所罗列的各州郡参加成员名单，也有讹误，不足为据。

这段时间，京城之中局势大为混乱。得知关东（指函谷关以东）州郡纷纷起兵的消息，董卓相当震恐，因为他的部属多出自凉州（主要地域在今甘肃省、宁夏自治区），凉州兵虽然剽悍，却素来畏惧关东劲旅。震恐使得董卓进入半疯狂状态。二月三日癸酉，他下令毒死废帝刘辩。二月十七日丁亥，又下令移都长安以避关东军锋，上至皇帝百官，下至上百万百姓，全都被迫匆匆上路，史称是"步骑驱蹙，更相蹈藉，饥饿寇掠，积尸盈路"。接着，他又下令焚烧洛阳城中的宫庙、官府、民居，发掘城郊皇陵及公卿坟墓以掠取珍宝，弄得洛阳附近"二百里内，室屋荡尽，无复鸡犬"。一座富庶壮丽的煌煌京都，顿时毁于一旦！

消息传到邺县，袁绍正与韩馥筹备结盟誓师事宜。关东州郡起兵后，一致推举袁绍为盟主。然而遗憾的是，诸军在两月前誓师酸枣之时，袁绍受制于韩馥，未能到场参加。如今正式起兵，袁绍认为有必要再以盟主身份举行一次结盟誓师的仪式。新加盟的韩馥，也有同样的要求。于是，誓师讨董的场面，便在邺县再一次重演。

这邺县县城，位于漳河南岸。誓师的坛场筑在城北的漳河之滨。为了与关东联军盟主的身份相配，袁绍又在勃海太守与司隶校尉的头衔之外，再给自己加上一个车骑将军的高级军职。誓师这一日，数以万计的兵马列队于坛场，袁绍偕加盟官员升坛就位，但见坛下旌旗蔽日，矛戟成林。袁绍强压心中的激动，从几案之上捧起一只盛有新割牛耳的珠盘，右手执牛耳，依次把那耳上流出的鲜血，涂抹在加盟

者的嘴唇之上,这就是所谓的"歃血"。歃血既毕,袁绍放下盛有牛耳的珠盘,又从几案上另一珠盘中捧起盟誓文书,朗朗读道:

贼臣董卓,承汉室之微,负兵甲之众,陵越帝城,跨蹈王朝。幽酖太后,戮杀弘农(指被废黜为弘农王的少帝刘辩);提挈幼主,越迁秦地;残害朝臣,斩刈忠良;焚烧宫室,蒸乱宫人;发掘陵墓,虐及鬼神;过恶蒸皇天,浊秽薰后士。神祇怨恫,无所凭恃;兆人泣血,无所控告。仁贤之士,痛心疾首;义士奋发,云兴雾合;咸欲奉辞伐罪,躬行天诛。凡我同盟之后,毕力致命,以伐凶丑,同奖王室,翼戴天子。有渝此盟,神明是殛,俾坠其师,无克祚国!

文中一是历数董卓杀死太后、少帝,擅自迁都,残害忠良等等罪恶,二则申明盟誓者讨伐董卓,兴复汉室的决心。袁绍把这一篇盟誓文字念得慷慨激昂,涕泗横流,在场者无不动容泣下。

誓师之后,袁绍立即统领兵马启程,前往西南四百里处的河内郡。在那里,他将与河内郡太守王匡的人马会合,从黄河的北岸威胁洛阳。冀州牧韩馥则留驻邺城作为后援。其余的盟军,除孔伷屯于颍川郡、袁术屯于南阳郡外,刘岱、张邈、张超、桥瑁、袁遗等军则屯聚于酸枣,从东面形成主攻洛阳的态势。弃官而归的鲍信与曹操,则由袁绍分别授以破虏将军、奋武将军的名号,两人的兵马也集中在酸枣。

袁绍在漳河誓师并进兵河内的情报,很快传到董卓耳中,他心想:你既然骂我"残害朝臣,斩刈忠良",我今天就残害、斩刈给你看一看。当下他即派出一支特别行动队,把在京的袁氏家属五十余人,上至在朝任太傅的袁绍叔父袁隗、袁绍的生母,下至无知的婴儿等,全部逮捕诛杀，并埋入一个大葬坑中。

发泄了心中的怒火，董卓将留守指挥部设在洛阳城郊的毕圭苑中，坐镇指挥抵抗关东联军的进攻。但是出乎他意料的是，声势浩大的关东联军两支主力，即酸枣军团和河内军团，一直在原地不动，并无杀向洛阳与自己一决雌雄之意。

董卓心中好生奇怪。

原来，联军诸军的长官，虽然在结盟誓师时表现得无比的忠义奋发和壮怀激烈，一旦开上战场与"贼臣董卓"去认真较量，却又畏畏缩缩观望不前了。人人都不愿意拿自己的队伍去冒险，人人头脑中都是私字当先，就连盟主袁绍本人亦是如此。袁绍滞留河内不进，酸枣诸军也就裹足不前。酸枣城中，诸位长官每天"置酒高会，不图进取"。对此情况，作为盟主的袁绍毫不在意，但是有一个人却愤然提出责难。此人非他，即是后来成为袁绍劲敌的曹操。

在关东联军当中，曹操一支的力量在当时是比较弱小的，然而他却是结盟将领中最为有胆有识的一位。何以见得？请听他对各军花天酒地乐不思战的将领所说的一番话："举义兵以诛国贼，大兵已合，诸君何以如此迟疑？如果董卓凭借王室，固守洛京，东向以临天下，那倒不易对付。而今贼臣焚烧宫室，迫迁天子，海内震动，不知何归。此乃天亡董卓之时，奋力一战，天下就可定了！"

豪言壮语说完，曹操便自领本部五千人马离开酸枣西进，他要以实际行动为诸军做出表率，即使战败也不后悔。陈留郡太守张邈很受感动，立即命令部将卫兹率领数千人马随曹操西进，为其助战。

可惜的是，曹、卫二人来到荥阳县境（今河南省荥阳市东北），与董卓的先锋徐荣相遇，激战之中，曹操本人及其坐骑均被流矢射伤，全军败散。曹操逃回酸枣，诸军将领大受震动，从此更是止足不前。

一晃数月过去，关东联军不仅没有取得什么值得骄傲的战绩，反而呈现出分崩离析的征象来。由于军粮耗尽，一些将领便带领部队径自返回各自的辖地。而留下的将领中，有的矛盾不和，有的自相残杀，东郡太守桥瑁即死于兖州刺史刘岱之手。当初"毕力致命，以伐凶丑，同奖王室，翼戴天子"之类的誓言，早已被这些"义士"们忘到爪哇国去了。

他们的盟主袁绍也不例外，他现在正在打韩馥的主意，因为他想夺取人多地广兵精粮足的冀州。这正是：

<blockquote>同仇敌忾成虚话，彼此残杀夺冀州。</blockquote>

要知道袁绍将要使用何种方法夺取冀州，韩馥又将如何应对他的贴身逼抢，请看下文分解。

七　巧夺冀州

其实,在结盟讨董诸人当中,袁绍最先与之反目者,还不是韩馥,而是同他有将近十年交谊的老友张邈张孟卓。

袁绍起兵之后,曾以盟主身份召集众人会议,言谈之间颇有骄矜之色。张邈性情爽直,当即以故人兼同僚的身份批评袁绍。袁绍恼羞成怒,竟然想在会后杀死张邈,而且依然改不了老毛病,自己不动手,要让他人来为自己当杀手。他指使谁去杀张邈呢?竟然选中了曹操。曹操是何等明智的角色,岂会为人充当这种黑心的杀手?他当即正言回答道:"孟卓乃结盟之亲友,即便有言语不当之处,也应当宽容谅解。今天下动乱方殷,岂可做这种自相危害之事!"

袁绍无言以对,只好作罢。从此,袁绍失去一位忠实的朋友,而曹操却得到一位坚定的同志。明乎此,则曹操孤军西击董卓时,唯有张邈分兵助战,便不难理解了。

袁绍连多年的老友都起了杀人之心,对于曾经监管过自己的韩馥,当然更不在话下。

袁绍起兵之后同韩馥的关系,可以用一句话来归结,即似和而不和。

所谓"似和",是说表面上看来和睦。使人产生这样的错觉是因为,袁、韩二人起兵之后,就一直共同致力于一件事,即拥立刘虞为皇帝。

刘虞，字伯安，乃徐州东海郡郯县人氏。他本是东汉藩王之后裔，入仕之后逐渐迁升，在东汉灵帝时出任幽州（主要地域在今北京市、河北省、辽宁省）的州牧。自汉灵帝起，又开始授予外官以三公的兼职，刘虞亦以幽州牧兼太尉的头衔。刘虞不仅官高，而且望重。在刘氏宗室当中，他是居官最廉洁、秉性最忠厚、政绩最优良的一位。袁绍与韩馥在邺城誓师举兵之后，两人有心出一点什么新主意，以弥补自己起兵在后之不足，于是便想出一个拥立刘虞为帝，以与董卓所立的傀儡天子相抗衡的主意来。主意最先出自袁绍，他自来就有争众人之先的习惯。当初最先建议诛锄宦官，其后最先策划反董讨董，现在又最先立议拥立刘虞为皇帝，他在争先之中，大概会获得极大的自我满足。至于韩馥，他在讨董联盟中，是一个只想动口而不想动手的"君子"，所以对此既可以捞好处又不冒风险的好事也异常热心。当下二人便代表结盟诸人，派出特使前往幽州，敦请刘虞早登大宝。殊不知刘虞忠心汉室，对皇帝的位置丝毫不感兴趣，所以坚决不受袁、韩二人的建议。甚至还表示：诸君若再逼迫太甚，自己将弃官北奔匈奴。至此地步，袁绍和韩馥也只好放弃初衷。事虽不成，外人从中却可能得出袁、韩关系不恶的印象来。

所谓"不和"，是说实际上并不和睦。何以见得，有以下二事可证。

一事是韩馥算计袁绍。袁绍"歃血漳河"之后，即率本部兵马前往河内郡，与河内太守王匡合兵。按照分工，韩馥留镇邺城，将为袁军提供粮草军资。袁绍治理的勃海郡本属冀州，袁军又是代表冀州出战，所以韩馥理应为袁绍提供后勤支援。但是，韩馥深恐袁绍强大之后威胁自己的地位，所以一再克扣袁绍的军粮，意欲使袁军无粮自散。这一手也确实厉害，史称当时袁绍"军无斗粮"，只能依靠采摘桑葚来充饥。若不是河内太守王匡略有接济，袁绍的兵马恐怕真的要作猢狲散了。

另一事是袁绍算计韩馥。韩馥克扣军粮，袁绍大为恼火，必欲还以颜色。恰好此时韩馥手下有一员骁将名叫麹义，因故与韩馥闹翻，举兵与之相抗。袁绍闻讯，心想你扣我的粮饷，我就支持你的叛将，于是暗中收麹义为部属，怂恿其人进攻韩馥。麹义得袁绍为靠山，更是放胆冲杀，致使韩馥一败再败。至此，袁绍才算出了胸中那口恶气。

不过，虽说袁绍与韩馥彼此暗中算计对方，但是在共同起兵之后的一年间，大体上双方还没有闹翻，还保持着同盟的关系，把进攻的矛头指向董卓。到了东汉献帝初平二年（191）二月之后，情况大变。在这一月，袁术部下的大将孙坚，也就是后来称霸江东的孙策、孙权兄弟之父，先在洛阳正南一百里外的阳人聚（在今河南省汝州市西北），击破董卓的骑兵，斩其悍将华雄；接着又在洛阳正南五十里处的大谷关（在今河南省洛阳市东南），大破亲自出来迎战的董卓，董卓狼狈逃往洛阳以西二百里外的渑池县（今河南省渑池县西）；最后又在洛阳城下杀败董卓麾下第一员骁将吕布，三战三捷，进入京城洛阳。为了躲避孙坚的兵锋，此前一直在洛阳坚守的董卓，不得不退到关中的长安（今陕西省西安市西北）。至此，关东联军正面临着自举兵以来最为有利的军事局面。可是，曾经信誓旦旦要"奉辞伐罪，躬行天诛"的起兵诸将，不仅没有趁此大好机会合力西攻长安，却反而因前线形势的缓和而开始自相攻击。作为盟主的袁绍，竟立即调兵东下，因为他已决心从韩馥手中夺取冀州。

就在孙坚与董卓进行浴血奋战以图光复帝都之时，袁绍手下的幕僚逢纪即向袖手旁观的主公献计道："将军举大事而仰仗他人供给粮秣军资,非久远之计也。若不全据冀州,势难自保。"

袁绍何尝无此心？不过他有顾虑,所以立即答道："冀州兵强粮足,我军力弱饥困,一旦攻之不利,则无容身之地了。"

逢纪早有主意,笑道："此州只可以智取,不可以力争。"

袁绍大感兴趣,急忙问道："何谓智取之法？"

逢纪缓缓答道："可遣一介使臣,前往幽州,劝说公孙瓒南下攻取冀州。公孙瓒必至,至而韩馥必恐。因其恐惧,再向韩陈说祸福利害,劝其让位,则冀州可得也。"

袁绍一听,不禁击掌称善,于是立刻派出一位善于辞令的心腹幕僚,携带自己的亲笔书信和一批珍贵礼物,兼程赶往幽州。果不出逢纪所料,公孙瓒得信之后,很快点起麾下万余铁甲骑兵,跨过萧萧易水,杀入冀州北境。消息传到邺城,韩馥顿时惊惶不安。欲知韩馥何以如此,不可不先把公孙瓒其人略作介绍。

公孙瓒字伯珪,乃幽州辽西郡令支县（今河北省迁安县西）人氏。其人姿貌俊美,声音洪亮,而且胆略过人。他早年曾在大经学家卢植门下研习儒经,同时求学者有年龄稍小的刘备刘玄德。其后公孙瓒弃文从武,先后击破幽州多股武装势力及乌桓族军队,以战功升任奋武将军,封蓟县侯。公孙瓒的麾下有一万多人马,多为身经百战的铁甲骑兵,当时称为"幽州突骑"。突者,冲也,意谓其马上健儿最擅长冲锋陷阵。公孙瓒的侍卫数十人,皆乘清一色纯白塞外名马,挽强弓,使长戟,勇不可当,致令乌桓族将士皆相互告诫:对阵时千万要避开白马将军。东汉朝廷把公孙瓒的万余兵马,视为安定幽州边塞地区的支柱。而公孙瓒的大本营,则设在幽州右北平郡的郡治土垠城（今河北省唐山市北）,距冀州的北部边境不过四百里,距位于冀州南端的邺城则有一千五百里左右。

公孙瓒虽然驻军塞上边陲,却一直有意染指中原。因此,袁绍约他共同瓜分冀州,他马上应邀南下,毫不客气。那韩馥深知这位白马将军的厉害,邺城尽管与土垠城远隔千里,驰骤如疾风的铁骑,最多十天即可抵达。强敌当前,韩馥岂能不忧心忡忡?无可奈何之中,他只得调遣人马北上,暂且抵挡一时。两军在安平县(今河北省安平县)相遇,一场激战,韩军大败,狼狈南逃。

初秋七月,袁绍得知韩馥已派精锐主力北上抵御公孙瓒,邺城相对空虚,认为该是自己行动的时候了,便命令属下兵马撤出讨伐董卓的前哨据点——河内郡,调头向后方的大本营所在地——邺城进军。袁军在河内郡的郡治怀县(今河南省武陟县西)登舟,沿沁水下行六十里入黄河,再由黄河顺流而下,行二百里到达清水入黄河的清水口(在今河南省淇县南)。此处北距邺城只有二百余里,已经足以对韩馥构成南北夹击的强大压力。于是,袁绍下令在此停舟安营,开始实施其下一步行动计划。

下一步的行动计划由一批说客来进行。说客主要有五人,即高干、郭图、张导、辛评和荀谌。此五人都是韩馥素常亲而信之的部属或好友,但是,现今他们都被袁绍拉了过去。其中的高干,还是袁绍的外甥。

五人展开车轮大战,轮流向韩馥进言,劝其让出冀州牧的官位。既然被选来当说客,自然个个能言善辩,巧舌如簧。不过其中最能打动人心的劝说,则出自荀谌的口中。他见了韩馥,先使用古代说客的常用杀手锏,就是故作危言以震撼之,说道:"公孙瓒乘胜南下,冀州属下郡县纷纷响应。袁将军今又引兵东向邺城,其意不可测,窃为将军担忧不已啊!"

韩馥正为自己腹背受敌而惶恐不安，马上向荀谌求教道："为今之计如何？"

荀谌见韩馥果然上钩，心中暗喜。但是，他并不急于露底，还要再作一点铺垫，这也是古代说客的惯技，于是反问韩馥道："将军自料在宽仁容众、为天下人所归附的方面，是否比得上袁氏？"

韩馥老老实实答道："当然不如。"

荀谌再问："将军自料在临危果决、智勇兼备方面，又是否比得上袁氏？"

韩馥依然答道："当然不如。"

荀谌三问："将军自料在先世布恩树德，令天下人皆受其惠方面，又是否比得上袁氏？"

韩馥三答："当然不如。"

荀谌见韩馥额头上已渗出细汗，知道火候到了，便一气说道："勃海人多地广，名虽为郡，其实力不亚于一州。今将军以三不如人之势，久处袁氏之上，袁氏乃一时英杰，必不愿居下以事将军。而公孙瓒提燕、代劲卒，长驱南下，其势不可当。设若两军并力合攻，兵临城下，危亡即在眼前！袁氏与将军有旧，且又为同盟，故而为今之计，莫若举冀州以让袁氏，袁氏必厚待将军。果如此，又何惧公孙瓒之铁骑！将军既得让贤之高名，自身又安如泰山，岂不两全其美？愿勿犹疑！"

生性胆小怕死的韩馥，在这时首先顾虑的正是身家性命问题，所以对荀谌的建议极表赞同，并立即着手准备让位事宜。消息传出，其心腹幕僚耿武、闵纯、李历、沮授等人，都不约而同前来劝阻，众人说道："冀州可征调为兵的男丁超过百万，库存粮食足以支持十年。袁绍兵少粮乏，仰我鼻息，犹如婴儿在我股掌之上，绝其哺乳，立可饿杀。怎么能把如此坚固的基业拱手让人呢？"

韩馥这时全然不似当初克扣他人军饷时的小气模样，表现得颇有君子风度，他说："我本袁家故吏（即旧部），而且才能不及本初。度德而让，古人所贵，诸君又何必如此计较？"

主文的幕僚劝阻无效，主兵的部将又进忠言。当时韩馥手下有两名叫赵浮、程奂的大将，领有上万名精兵，每兵配一张威力强大的强弩，屯驻在河内郡的河阳县（今河南省孟州市西）一带。河阳在袁绍此前驻扎的怀县以西约一百五十里。袁绍离开怀县，不西向洛阳而反东向冀州，当即引起赵、程二将的怀疑。不久，二人又得到韩馥将要让出冀州的消息，不禁大为震惊，立即统领全军将士，乘舟沿黄河东下，赶回邺城。这一日，船队来在清水口袁绍大营之下。赵、程二将传令属下数百艘战船整队击鼓，威风凛凛，杀气腾腾，傲然从袁军眼前驶过。正把全部希望寄托在几位说客之口的袁绍，一见此景顿时黯然无语。

赵浮和程奂回到邺城，未及卸去戎装，便面见韩馥进言道："袁本初军无斗粮，已呈离散之势。末将请以本部万余人拒之，旬月之间即可大获全胜。明将军只需安枕高卧，何忧袁氏！何惧袁氏！"

韩馥心想：你们赢得了袁本初，也未必赢得了公孙瓒，万一交兵失败，我就只有死路一条，冒险之事绝对干不得。因此，任赵、程二将说得慷慨激昂，他始终不为所动。

数日之后，韩馥全家从冀州的州牧府邸中迁出。同时，韩馥派遣自己的儿子前往清水口，给袁绍送去冀州牧的官印、佩绶和自己让位的书信。韩馥的部属见事情已无可挽回，纷纷离开邺城前往清水口迎接新主人去了。

七月将尽，桂子含苞。车骑将军袁绍，强抑住满怀兴奋和喜悦，在新旧部属的簇拥之下,前往邺城接管冀州。这是他从政以来所取得的最大一次成功。凭着冀州强大的潜在力量,他将很快成为逐鹿群雄之中的头号选手。但是在眼前,他还必须为稳定冀州的局势而努力一番。

首要的急务,是要尽量延揽本州的士大夫,使他们改换门庭,效忠新主。冀州的老百姓,对于州牧是姓韩还是姓袁,一般是不大关心的。而本州的士大夫则不然,他们对于州牧的更换非常敏感,因为他们吃的是政治饭,谁主州政对他们的前途影响极大。而自东汉以来,地方大族的势力急剧膨胀,州郡地方的士大夫集团,其主要的成分即是出身世家大族的名士。地方行政长官若想在本州本郡站稳脚跟,非得同当地的士大夫搞好关系不可。搞好关系最重要的一点,是在政治上给予优待。袁绍本人就出自世家大族,对此岂有不知?因此,他在接管冀州之后的第一件事,即以求贤若渴的姿态,礼聘知名人物充任要职,而且特别注意争取那些在韩馥手下一直不得志者。此外,对于其他地方流寓冀州的名流,他也一概延揽到府中。这些新幕僚或新宾客,加上他原有的老部下,组成了强大的参谋和行政班底。荀彧、郭嘉、崔琰、沮授、审配、田丰、陈琳、许攸、逢纪、荀谌、辛评、郭图,光看这一串名字亦可想象人才济济的盛况。

但是,袁绍虽然一心效法周公吐哺下士之风,对于延揽入幕的人才却未能甄别优劣量才使用。结果,其中最优秀的两位谋士,即荀彧和郭嘉,很快便感到才略无从发挥,先后离开袁绍而投奔曹操,后来成为曹操手下最为得力的助手。此是后话。

安顿好士大夫之后,袁绍对冀州的老百姓也没有忘记施以恩德。他在冀州实行轻徭薄赋的宽惠政策,使得在赋役重压之下挣扎的民众,好不容易得到一个喘息的机会。史称"绍为政宽,百姓德之",以致后来袁绍病死时,"河北士女莫不嗟怨,市巷挥泪,如或丧亲"。这虽有夸饰成分,但大体上是实情。

对士大夫,对老百姓,袁绍都能以宽惠为先,唯独对送他偌大一州之地的韩馥,反而使用了刻薄的手段。袁绍得到冀州之后,给了韩馥一个奋威将军的空衔,手下未配一兵一卒。韩馥也很知足,老老实实在邺城闲居,并未惹是生非。既然韩馥表现甚佳,你袁绍就让他安安定定了此残生算了吧。但是袁绍不愿意,他怕冀州局势有反复,所以有心把韩馥逐出冀州。逐当然不能由自己直接出面来逐,不然会有舆论抨击。想来想去,他又想出一条绝计,让出冀州要使你韩馥自己让出,离开冀州也要使你韩馥自己离开。主意打定,不久他就任命一个名叫朱汉的河内人出任都官从事。

这都官从事,乃是司隶校尉的下属,其职任是专门举报处置违法官员。袁绍此时自称的官衔,是车骑将军兼司隶校尉和冀州牧。司隶校尉既是其第一兼职,所以他可以任命朱汉为都官从事,只不过现时朱汉不可能纠举洛阳的百官,而只能纠举邺城的官员而已。

朱汉其人,是一个极会见风使舵巴结上司的马屁精角色。袁绍也正是知道其德性才起用他任都官从事的。朱汉一上任,就一心想立奇功以报效主子,从而再加官晋级。他把纠举的矛头直指在家闲居的韩馥,借事发兵包围韩宅,无情地把韩馥那位捧印送给袁绍的大公子双脚打断,直吓得韩馥魂飞魄散。

袁绍得报,心中大喜,但脸上表现出来的则是怒气冲天。他以擅自打击无辜的罪名,立即处死狂拍自己马屁的朱汉,并遣人安慰韩馥全家。韩馥受此惊吓,再也不敢留居冀州,便请求到兖州陈留郡去投靠张邈。袁绍假意挽留一番,暗中却又令人催促韩馥离境。不久,韩馥带领家小悄然永别冀州,至此,袁绍的一块心病才算彻底去除。

安定了冀州，逐走了韩馥，袁绍松了一口大气，心中不禁得意非凡。这时，谋士沮授又给他进献了一个宏伟计划，沮授说：

> 横大河之北，合四州（指黄河以北的冀、青、幽、并四州）之地，收英雄之才，拥百万之众，迎大驾于西京，复宗庙于洛邑，号令天下。

袁绍自来好大喜功，这一宏伟计划自然深合他意，于是雄心勃勃准备付诸实施。不料河北四州尚未取得，他脚下的根据地冀州先倒发生了危险。此时从冀州北部不断传来紧急情报，往日的同谋者公孙瓒突然反目，已率大军杀往邺城！这正是：

> 夺得冀州心不足，不防劲敌出幽州。

要知道袁绍此番如何应对公孙瓒的大举南下进攻，双方战况如何，请看下文分解。

八　界桥大战

自从董卓西上长安，关东各州郡的起兵将领即开始自相攻伐，割据称雄。大大小小的军阀，乘时而起，激烈争夺。魏文帝曹丕在其《典论·自叙》中，形容当时的情况时，有一段著名的文字说：

> 名豪大侠，富室强族，飘扬云会，万里相赴。……而山东（即崤山以东，与关东同义）大者连郡国，中者婴城邑，小者聚阡陌，以还相吞灭。

为了壮大自己，克制他人，逐鹿群雄又争相施展纵横捭阖的手段，今日联甲攻乙，明日又联乙攻甲，态度立场变化之快，足以令人瞠目结舌。公孙瓒与袁绍的反目相攻，即是其中突出之例。

当初袁绍邀约公孙瓒南下共同攻取冀州，公孙瓒不知袁绍是要把自己当作取利之工具，故而欣然赴约。出兵不久，忽然传来袁绍逼取韩馥之位而代之的消息，他顿时知道自己被人利用了一番，不禁又气又恼。恰好在这时又发生了一件意外之事，促使公孙瓒与袁绍宣布决裂。

原来，公孙瓒为了广交朋友，曾积极拉拢驻兵南阳郡的后将军袁术。他派遣自己的胞弟公孙越，率领一千幽州铁骑前往南阳，在袁术帐下效力，殊不知公孙越一去，不久便送了命。

就在袁术麾下骁将孙坚在洛阳一带大战董卓之际，袁绍不去帮助孙坚攻打自己声讨的"国贼"董卓，反而乘虚派将军周昂偷偷占领了孙坚的大本营阳城县（今河南省登封市东南）。袁术得知其兄竟然要出如此无赖的手段，真是气得七窍生烟，他立刻派公孙越率领幽州铁骑前往阳城，协助孙坚收复失地。那周昂手下的弓弩手相当厉害，一见骑兵如潮水涌来，毫不畏惧，对准冲在前面的人马连放利箭，当场就把公孙越射落马下而亡。消息传到公孙瓒那里，他不禁捶胸大哭，骂道："余弟之死，祸起袁绍，此仇不报，有何面目镇守幽州！"

当下公孙瓒便传令全军拔营南下，杀向冀州，要向袁绍讨还血债。大军行至冀州境内勃海郡南端的磐河（在今山东省宁津县南），刚刚坐上冀州牧位置不久的袁绍就有点发慌了。

公孙瓒要来拼命，怎么办？想来想去，袁绍总觉得眼下绝对不能同对方大动干戈。原因很简单，自己在冀州的根基还不巩固，所谓攘外必先安内，脚都未曾站稳，焉能动手打人？目前的策略，是要尽量把决战的时刻向后推延，以赢得时间安定内部。能够推延一天，就多一分胜利的可能。抱着这样的想法，袁绍遂使出一条缓兵之计。

公孙瓒有一个堂弟，名叫公孙范，此时在袁绍麾下为将。这一日，袁绍把公孙范召入府中，和颜悦色说道："勃海郡太守一职，长期由我兼任。今以此职授君，望君好自为之。"他想以此减轻公孙瓒的怒气，使其推进的速度放慢下来。

公孙范一听颇感意外，这勃海郡地广人多，乃是主公的起家本钱，他一直舍不得放手，怎么今天肯让我来管辖？想必是要借此消弭堂兄南下的兵锋吧。他也不客气，立刻接过郡太守的印绶，径往勃海郡的首府南皮县（今河北省南皮县北）上任去了。

袁绍精心设计的缓兵之计，不但没有产生预期的作用，反倒产生了相反的效果。那公孙范一到南皮，便统领勃海郡的军队倒戈，公开宣布支持公孙瓒讨伐袁绍。袁绍到这时才知道人家公孙氏一族的人毕竟更亲一点，可惜已经晚了。

两公孙合兵一处，正要杀往邺城，突然从东面的青州（主要地域在今山东省）奔来一大批黄巾军，挡住了他们的去路。自从汉灵帝中平元年（184）黄巾起事以来，七年之间，黄巾军的活动遍及全国。而其势力最盛的地区，则是关东的青州和徐州（主要地域在今江苏、山东省）。此次从青州奔来的黄巾军，连同其家属，人数多达三十万。他们的目的，是想前往西面的冀州，与当地的黑山军会合。这黑山军同黄巾军一样，都是举兵反抗政府苛政的农民。由于他们的根据地是冀州境内西南部黑山一带的山谷之中，故而以"黑山"为号。黑山军有数十支分队，总共人数超过百万。如果青州黄巾军与冀州黑山军会合，二公孙又合兵南下，处于两大武装力量的夹攻之下，袁绍这位刚上台的冀州牧，只有卷起铺盖走路了。也是袁绍气数未尽，黄巾刚从青州进入勃海郡的南部，就遇到了二公孙的联军。二公孙所统的是官军，黄巾则是反政府的民军，既然遭遇，少不了有一番较量。这样一来，袁绍得到了宝贵的喘息机会，与之作对的黑山军则失去一支强大的助力，袁绍真正是绝处逢生了。

这年冬天，公孙瓒与公孙范在勃海郡东光县（今河北省东光县东）以南，同青州黄巾军展开激战。结果，公孙军大胜，掠得对方人口七万余众，车辆、甲胄、武器、粮食等难以数计。顿时，公孙瓒实力大增，"威名大震"。

有了雄厚的资本，公孙瓒再回头来找袁绍报仇。他在东光县境略事休息之后，便点起麾下数万大军，径向邺城杀来。大军进至邺城东北二百余里的界桥（在今河北省威县东），公孙瓒传令下寨安营。

此处是冀州境内清河、巨鹿、魏这三郡的交界地,再往南,即进入邺城所在的魏郡郡界了。

公孙瓒屯兵界桥,在未大动干戈之前先动笔墨。他命手下幕僚中善于文辞者,草成表章一道,派人呈送朝廷,同时宣示天下。其文写得酣畅淋漓,不可不读,辞曰:

臣闻皇羲以来,始有君臣上下之事,张化以导民,刑罚以禁暴。今行车骑将军袁绍,托其先轨,寇窃人爵,既性暴乱,厥行淫秽:

昔为司隶校尉,会值国家丧祸之际,太后承摄,何氏辅政,绍专为邪媚,不能举直,至今丁原焚烧孟津,招来董卓,造为乱根,绍罪一也。

卓既入洛而主见质,绍不能权谲以济君父,而弃置节传,进窜逃亡,忝辱爵命,背上不忠,绍罪二也。

绍为勃海太守,默选戎马,当攻董卓,不告父兄,至使太傅门户,太仆母子,一旦而毙,不仁不孝,绍罪三也。

绍既兴兵,涉历二年,不恤国难,广自封植,乃多以资粮专为不急,割剥富室,收考责钱,百姓吁嗟,莫不痛怨,绍罪四也。

韩馥之迫,窃其虚位,矫命诏恩,刻金印玉玺,每下文书,皂囊施检,文曰"诏书一封,邟乡侯印"。昔新室之乱,渐以即真,今绍所施,拟而方之,绍罪五也。

绍令崔巨业候视星日,财货赂遗,与共饮食,克期会合,攻钞郡县,此岂大臣所当宜为?绍罪六也。

绍与故虎牙都尉刘勋首共造兵,勋仍有效,又降伏张杨,而以小忿枉害于勋,信用谗愿,杀害有功,绍罪七也。

绍又上故上谷太守高焉、故甘陵相姚贡,横责其钱,钱不毕备,二人并命,绍罪八也。

《春秋》之义,子以母贵。绍母亲为婢使,绍实微贱,不可以为人后,以义不宜,乃据丰隆之重任,忝污王爵,损辱袁宗,绍罪九也。

又长沙太守孙坚,前领豫州刺史,驱走董卓,扫除陵庙,其功莫大;绍令周昂盗居其位,断绝坚粮,令不得入,使卓不被诛,绍罪十也。

臣又每得后将军袁术书,云绍非术类也。绍之罪戾,虽南山之竹不能载。昔姬周政弱,王道陵迟,天子迁都,诸侯背叛,于是齐桓立柯亭之盟,晋文为践土之会,伐荆楚以致青茅,诛曹卫以彰无礼。臣虽阘茸,名非先贤,蒙被朝恩,当此重任,职在斧钺,奉辞伐罪,辄与诸将、州郡兵讨绍等。若事克捷,罪人斯得,庶续桓、文忠诚之效。攻战形状,前后续上。

这一通表章,洋洋洒洒,历数袁绍十大罪状,不仅斥之为不忠不孝不仁不义的大恶人,而且还根据袁术提供的情况,把袁绍生母乃是低贱的丫环婢女这样的老底揭了出来,确实有点厉害。

在此须得略作解释,袁绍与袁术何以会反目成仇。这一对同父异母兄弟,在成年之前因袁绍出继而分居两家,接触不多,故而关系不恶。自从袁绍服丧六年移居洛阳之后,两兄弟同在京城的政治舞台上演出,效果自然就有比较,一比较自然有高下之分,矛盾便随之产生了。二袁都以名家公子身份疏财纳士,然而名士多趋袁绍之门。例如,党人中坚何颙就只与袁绍来往,使得有心结交何颙的袁术很是失望。关东州郡起兵声讨董卓,众人皆推袁绍为盟主,这又使袁术的自尊心大受挫伤。袁绍起兵之后,首先建议立刘虞为帝,袁术当时既对乃兄不满,又多少怀有"皇帝轮流做,明年到我家"的心思,所以坚决反对。至此，二人的关系明显恶化。所以不久之后，袁绍即派周昂偷袭袁术部将孙坚的根据地，袁术也以牙还牙，遣使与起兵进攻袁绍的公孙瓒结好，并在信中一再说袁绍生母出生卑贱，袁绍本人不过是袁氏的"家奴"而已，哪里有资格充当袁家之子。于是，二人关系完全破裂。

公孙瓒兵临界桥的消息，连同其声讨表章一道，迅速传遍冀州全境。冀州下属郡县，纷纷宣布反对袁绍，投靠公孙。乘此时机，公孙瓒也就当仁不让，任命了一大批冀州辖境之内的郡县长官。同时，还以部将严纲为冀州刺史、田楷为青州刺史、单经为兖州刺史，意思非常明白，就是要在占领冀州之后，还要夺取青、兖二州，独霸大河南北。后来开创蜀汉基业的刘备，此时此刻，就正在师兄公孙瓒的手下效力。冀州常山郡（治所在今河北省元氏县西北）宣布脱离袁绍之后，即派兵前往公孙瓒处助战，而领队的军官不是他人，正是后来威名赫赫的赵云赵子龙。从此，赵云与刘备相识，并在不久之后成为刘备的部将。

公孙瓒必欲决一雌雄，袁绍当然只好全力应战。调遣兵将，征集物资，赶造军器，邺城内外一片紧张气氛。袁绍的策略，是主动前往界桥进攻，而不在邺城一线固守待敌，这样万一失利，也还有逃奔黄河以南的可能。在出动大军之前，袁绍先派使者联络了一远一近两个盟友，以张声势。远的盟友，是荆州（主要地域在今湖北、湖南、河南省）的州牧刘表；近的盟友，则是新任兖州东郡（治所在今河南省濮阳县）郡太守的曹操。

自从关东州郡起兵反董以来，袁绍与曹操这一对老朋友，关系一直非常亲密。特别是袁绍，对曹操多有照顾。曹操得以出任东郡太守，即全靠袁绍的保荐。曹操虽然对袁绍其人有看法，但是考虑到自身力量较弱，暂时还需借重袁绍之势以求发展，故而也同袁绍保持亲善。这种良好关系此后还将持续四五年，一旦曹操羽翼丰满足以自立，两人便会成为势不两立的死对头。此是后话。

曹操得到袁绍的书信，随即出兵北上，把企图从东面进逼邺城的公孙瓒部将刘备、单经和陶谦等击退。侧面的威胁既已解除，袁绍立即亲率数万大军，取道东北，直奔二百里外的界桥。

东汉献帝初平三年（192）春，两军在界桥以南二十里处的平川之上展开决战。这是自董卓之乱发生以来，关东起兵将领之间所进行的第一次大内战，双方投入的兵力共达十万之众。这一日，风和日暖，天朗气清，原野上一片野花开放。双方将士精神振奋，斗志昂扬，都想在此建功勋，取富贵，一显英雄本事。

公孙瓒军居北。他以步兵三万五千人列成方阵，作为进攻队形的主体。在方阵的左右两翼，各有五千余名铁甲骑兵，作为冲陷敌阵的突击力量。公孙瓒本人跨白色骏马，率领三千骑清一色白马的直属卫队，在方阵之前指挥全军。史称其军"旌旗铠甲，光照天地"，浩大气势，令人震慑。

袁绍军居南。他的五万人马主要由步兵组成，骑兵力量远不能与对方匹敌。在冷兵器时代，驰骋如风的骑兵，当属威力最大的兵种，所以骑兵力量的强弱，往往决定着战争的胜负。但是，这一次袁绍很有运气，因为他得到了一员在对付敌方骑兵上极富经验的骁将作先锋，此人非他，即是当初与韩馥闹翻，而后又被袁绍拉拢到手下的麴义。

这麴义曾长期在凉州从军，故而从凉州善战的羌族人那里学到了一手对付骑兵的绝招。羌人善用短刀杀敌，又善用盾牌保护自身。凡遇骑兵，他们毫不退让，先蜷伏在地，用坚固的盾牌在身前保护，待得敌骑来到近前，突然一同起身，一手举盾牌挡住马上敌人的剑戟，另一手则执利刃，根本不往上看，眼睛只朝下，专砍对方下三路的马脚。对方马脚一旦受伤，立刻狂跳不止，背上的骑兵就摔下马来，刀手再上前补一刀，就结果了骑手的性命。以此克敌，无不制胜。实际上这一战术，就是后来南宋名将岳飞对付金兀朮拐子马的办法。

袁绍把一切希望都寄托在麹义身上，他命麹义率领麾下八百擅长此战法的勇士为先锋。在其后面，则是一千名熟练的强弩手，他们的任务是专门对付侥幸逃脱八百短刀手利刃砍脚危险而继续前冲的敌骑。强弩手之后，便是袁绍亲自统领的四万多步兵方阵。

布阵既毕，袁绍军中鼓声大作，动地惊天。数万人马整队前进，径直逼近公孙瓒军。那公孙瓒见袁绍的前锋不过是数百人的步兵，便起了欺负之意。他把令旗一挥，其左右翼的骑兵顿时如潮水向中央会合，并朝敌人的前锋涌去。公孙瓒此时心中升起豪情万丈，心想我的一万铁骑不用动干戈，光是用马蹄也要把你袁绍的先锋队踏成肉酱！公孙瓒曾以这种铁骑集体冲锋战术横行河北无敌手，所以豪情升腾自属当然。但是，他的乐观情绪很快就消失无余，因为他突然发现自己的骑兵队伍乱了！

麹义果然不愧为一员骁将，面对如潮水涌来的骑兵，他脸不变色心不跳。待敌骑前锋距自己只有一里许时，他举刀示意，身后的八百勇士立时停止前进，并散开占据有利地形。待敌骑距离仅半里不到时，他又挥动利刃，其部属当即全部蜷伏于坚盾之下，屏息不动。与此同时，那一千名强弩手也搭好弩箭，严阵以待。说时迟，那时快，麹义见敌骑已来在身前三二十步，一声怒吼，登时持刀站起。吼声未落，那八百名健儿同时发出震耳的喊杀声，一齐站起身来。八百张以鲜艳颜色涂饰的盾牌突然闪动，先就使那些从未见过这种场面的塞外骏马吃惊不小。就在群马扬蹄长嘶不前之际,八百快刀手已经抢上前去动手了。只见一片寒光起处,第一排的马匹都痛得乱蹦乱跳起来。在后面催马向前冲锋的骑兵,根本没有想到前面会突然出现障碍,一时收不住飞驰如风的坐骑,纷纷被绊倒在地。这种情况一旦发生,骑兵越多则情况越严重,优势反而成了劣势。前面的短刀手如同旋风一般砍马脚,砍人头,后面那一千名强弩手见敌军阵形已乱,立刻把一阵又一阵的箭雨倾注到敌军的人与马身上,每发必中,所中必倒。数以万计的密集人群一旦出现混乱,再要恢复秩序势不可能,何况还处于对方的猛烈攻击之下!于是,公孙瓒军的队形全线崩溃,不论是骑兵还是步兵均四散奔逃。袁绍见前锋得手,急令后面的步兵向前掩杀,当场杀死公孙瓒所委任的冀州刺史严纲及铁甲骑兵上千人。公孙瓒则在白马卫队的保护之下向北退走。正杀得性起的麴义,急欲擒杀敌军主将以立奇功,立即率领手下壮士飞身登上敌军丢弃的战马,紧紧追赶上去。

麴义一气穷追二十里,来到界桥。在殿后卫队的掩护之下,公孙瓒并未驰回桥北的大本营,而是继续向北面的幽州方向退去。由于敌军是清一色的白马,麴义看不真切,还以为公孙瓒回到了大营,他大吼数声,径向敌军营门冲击。守营的少量余兵,见其来势凶猛,略作抵挡便四散奔逃。麴义冲入营门,直奔中军大帐。古人行军,在中军主帅帐前必立一竿大军旗,这称之为"牙门大旗",简称作"牙门"。牙门大旗被认为是全军精气所在,若有损折,必招破败。麴义来到帐前,一阵乱刀先把大旗砍落,然后杀入帐内寻找公孙瓒。他率领麾下八百健儿在大营中左冲右突,如入无人之境,却始终不见公孙瓒的踪影。眼看丽日偏西,麴义无奈,只得收兵回转本营。

公孙瓒侥幸逃生,南面的袁绍却差一点被人活捉生擒了去。原来，袁绍在后督军冲杀近两个时辰，见敌军已全线溃败，而自己亦疲惫不堪，便下令左右暂时休息进食。此时，在其身边只有卫队近二百人，即数十名强弩手，再加百余名长戟手。下马去鞍之后，袁绍正要进食，忽然从北面驰来两千多公孙瓒手下的逃散骑兵。这批骑兵并不知道解鞍休息的人中有袁绍，只是欺对方人少，便呈圆形阵势将其包围，发箭攻击。随从左右的幕僚田丰见情况危急，忙令侍从把袁绍扶入旁边一段断垣之后躲避，同时布置强弩手发箭还击。此时的袁绍突然表现出视死如归的男儿气概，他把头上戴的防护头盔，也就是所谓的兜鍪，摘下后狠狠摔在地上，愤然叫道："大丈夫当向前战死，而今躲入墙间，难道就能求生了么！"

田丰任他叫喊，就是不放他出墙去"向前战死"。此时，强弩手已经射杀多人，敌骑攻势稍减。但是，强弩手们所带的弓箭所余无多，眼看就有束手就擒的危险，恰好麴义的人马赶到了。一阵冲杀过后，敌骑仓皇退去。

袁绍处境转危为安，即与麴义等回返自己的大营。这一场以步兵迎战骑兵的激战，终以步兵获得全胜而结束。

袁绍此战击败公孙瓒之后，才算真正在冀州站定了脚跟。他随即派人前往兖州，接回一直寄居在兖州刺史刘岱处的妻室儿女。当年冬天，袁绍又起兵进攻公孙瓒于勃海郡，再次获胜。公孙瓒元气大伤，只得退守幽州。至此，袁绍终于第一次控制了冀州全境。

接着，袁绍又出兵扫荡东面青州的公孙瓒余部，双方反复争夺，直杀得青州地界上路断人稀，"野无青草"。公孙瓒余部渐渐不支，恰逢此时汉献帝派出特使前来调解袁、公孙二家纠纷，公孙瓒趁机体面让步，与袁绍修书议和后，从青州收回余部。于是，袁绍任命长子袁谭为青州刺史，占领青州。

冀、青二州在手,黄河以北四州之地即已拿到了一半,袁绍自是得意不已。汉献帝初平四年(193)春三月,袁绍自勃海郡引军南归邺城,一路欣赏川原春色,心情是少有的轻松和惬意。不料行至中途,忽然得到了一个令他震惊不已的坏消息:后方大本营邺城被人占领了!这正是:

　　前方击退公孙日,身后城池失守时。

要知道袁绍的后方大本营为何失守,他又如何重新夺回邺城,请看下文分解。

九 邺城变起

东汉献帝初平四年（193）三月暮春，袁绍率大军凯旋南归。初五日丁巳，兵马来到经县境内漳河之上的薄落津（在今河北巨鹿县东），袁绍传令下寨安营，他要在此欢乐一番。

原来，在中国古代，流行着一种暮春三月洗浴于东流清水之上的风俗，叫做"祓禊"，又称之为"大絜"。儒家经典《论语·先进》有云：

> 暮春者，春服既成，冠者五六人，童子六七人，浴乎沂，风乎舞雩，咏而归。

这种孔子向往不已的游春浴水活动，即是祓禊的早期萌芽。到了东汉，人们都认为，祓禊可以去除身上所存的旧年污垢和疾病，所以此风极盛，特别是洛阳。有人描述当时京城暮春，洛阳士女倾城出游伊、洛二水之滨的情景说：

> 王侯公主，暨乎富商，用事伊、洛，帷幔玄黄。旨酒佳肴，方丈盈前，浮枣绛水，酹酒酿川。

浮在河面上的红枣，把水映成绛红色；举杯浇地进行祭祀的酹酒，会聚成了小川流。这是多么热闹的场景！不过，就祓禊的时间而言，两汉时常为三月上旬的第一个巳日，即所谓的"上巳"；自曹魏之后，则多在三月初三日，而且发展成曲水流觞欢聚畅饮的娱乐活动，最为后人熟知者即是书圣王羲之等人的兰亭雅集了。袁绍到达薄落津时，正逢三月初五日丁巳，即三月上巳佳节，而薄落津，乃是当时漳河下游一处著名的津渡。盈盈春水，缓缓北流，岸芷汀兰，郁郁青青，所以他雅兴大发，要在此处与幕僚部将们欢饮一场。

古人们欢饮，讲究的是"四美俱，二难并"。所谓"四美"，即良辰、美景、赏心（愉悦之心境）、乐事（值得高兴之事情）。所谓"二难"，即贤主、嘉宾。如果四美齐备，二难并有，那么这场欢饮便会令人终生难忘。袁绍大宴薄落津，正在他大破公孙瓒夺得冀州全境及青州之后，他本人素有孟尝君好客之风，其下属亦不乏风流名士，所以此番欢会，正合唐代王勃《滕王阁序》中所言的"四美俱，二难并"。于是觞酌流行，肴馔毕陈，众人在丽日蓝天之下、绿草红花之间、春水碧波之上，开怀畅饮，高谈阔论，好不热闹欢乐！

就在宴饮气氛达到高潮之际，忽然西南方一缕黄尘起处，传来了一阵急促的马蹄声。众人注目一看，原来是从后方大本营邺城来的急使到了。

左右侍卫把那位满面尘土的急使领到袁绍面前，使者匆匆施礼之后，报告了一个令人大为震惊的消息：邺城被他人武装占领了！

事情的发生经过是这样的。袁绍亲提大军攻公孙瓒于勃海时，留下魏郡（治所在今河北省临漳县西南）太守栗成，为其看守大本营邺城，因为邺城当时既是冀州的州治所在，又是魏郡的郡治所在。袁绍走后，在长安的汉献帝下诏，任命了一位新冀州牧代替袁绍。袁绍一直以车骑将军的名义兼任冀州牧，论官位则是车骑将军为高，然而论实权此际却以冀州牧为大。朝廷大概对袁绍在关东的自我扩张行为有所不满，所以决定把其兼职一刀削除。新任冀州牧姓壶名寿，奉命之后立即带领随从到邺城接任。为袁绍看家的栗成，当然不认新州牧的账,哪怕你确实是朝廷的命官。壶寿进不了城接不了任,抖不起州牧大人的威风,不免暗自焦躁。情急智生,他竟想出一个内外夹攻邺城的主意来。他一面通过秘密关系,向栗成的部下游说,强调不能违抗天子的诏命,当然也少不了封官许愿一类的笼络,另一面则派人前往邺城西南一百里处的黑山山谷,去联络黑山军的首领于毒,请他派兵助攻邺城。这黑山军本来是反政府的农民武装,但是其最高首领张燕,在汉灵帝时即向政府投诚,故而其麾下分支部队有时亦为朝廷效力。活动在黑山一带的于毒,手下有数万兵马,而且和袁绍的死对头、生冤家公孙瓒,有着密切的关系。因此,于毒一听是新州牧要自己帮忙端袁绍的老窝,二话不说,马上亲领兵马出山杀往邺城。栗成兵力单薄,哪里抵挡得住内外交攻?一阵拼杀之后,栗成本人死于乱军之中,邺城亦随之失守。壶寿的官军进了城,原本反政府的黑山军也进了城,旗号不一,服色各异,这急剧的政局变化,使得城中的老百姓真是糊涂了。

刚才还是充满笑语欢声的宴席,顿时寂静非常。俄顷,传来一阵涕泣之声,有两三人先自痛哭起来。这哭声又使他人心中受到触动,或长吁,或短叹,宴席之上满布愁云。

这些人何以如此忧心忡忡呢?一言以蔽之,是顾念家小。大军出征,妻子儿女不能随行,都留在邺城之中。如今城池易主,黑山军自由出入,城内秩序混乱,官员家属处境险恶,吉凶难卜,教他们如何不忧不愁?

袁绍的心里也是愁苦难当,他的家属现时也在邺城,而且比其他人的眷属更容易遭到烧杀抢掠的厄运。但是,他是全军主帅,一旦表现出惊惶失措的模样,军心就散了。军心离散,不仅再无希望救出家眷,而且自己辛辛苦苦打下的这一块基业也将付之东流。意识到了这一点，袁绍便强忍愁苦，装出一副泰山崩于前而色不变的神态来。他频频举觞向下属劝酒，言笑自若，似乎根本没有发生过什么事情一般。既然主帅如此镇静，众人也只好奉陪到底。直到红日西斜之时，这场春江聚饮才告结束。

宴会散后，袁绍立即与几位心腹智囊密商对策。经过反复讨论，议决了两条措施。第一，大军径向西南三百里处的邺城进军，到达邺城附近之后再了解情况，以决定下一步行动。第二，马上再任命一位干练人员为新魏郡太守，准备接管郡治邺城。这两条措施随即付诸实行。全军将士见主帅决心恢复邺城，莫不摩拳擦掌，有心立功。次日凌晨天色微明之际，数万人马即已起程南下。

三天之后，军行二百里，来到邺城东北不到一百里处的斥丘县城（今河北省临漳县东北）。如果说，袁绍的部属在薄落津曾被一个坏消息弄得不知所措的话，那么在斥丘，他们便被一个好消息弄得手舞足蹈起来。

好消息是他们的家属全都安然无恙，而且很快就要从邺城来到斥丘。

虽说人世间的事，否泰变化无常，但是这一好消息也实在有点出人意料，所以人们纷纷打听原因。那么这一富有戏剧性的变化是如何发生的呢？

原来，在倒向新任冀州牧壶寿的魏郡军队之中，有一员名叫陶升的将领。此人原本是魏郡内黄县（今河南省内黄县西）县政府中一位小办事员，在仕途上不甚得意，改而从军，企图在战场博一个荣华富贵。这次他随大流倒向壶寿之后，并未捞到什么满意的封赏，心里不免暗自盘算起来。此番投机，所得甚微，万一将来强大的袁绍打回邺城，搞不好性命都要完蛋，得失相较，实在相差太远。不如马上改弦更张，倒向袁绍，或许还能翻本赢一笔厚利。头脑灵活的陶升，立即选定袁军高级官员的家属作为自己第二次投机买卖的本钱。他趁邺城秩序一片混乱之时，指挥部下兵马，把袁绍及其高级僚佐的妻子儿女尽数用车载了，迅速运往袁绍军中。其先头人马一到斥丘，正好与南下的袁绍大军相遇，于是这好消息立即传开。

不到半日，陶升主力部队护卫的车队安全抵达斥丘县城。亲人历险重逢，那一种激动与欢愉可想而知。袁绍当即重赏陶升，并且委任他为建义中郎将。一待心满意足的陶升告退出帐之后，袁绍便召集心腹幕僚，密商收复邺城的方略。

此时的邺城之中既然已无袁军将帅的家属，按说袁绍可以采用围城强攻的办法。但是，经过众人反复计议，认为此法并不可取，理由主要有二：首先，攻打邺城的目的，并不在于要壶寿等人的性命，而是要重新控制这座冀州重镇，以此为大本营来经略河北，因此，不能让邺城受到严重的破坏。而强攻之法，很可能导致玉石俱焚人城并亡的结果。其次，此次邺城发生变故，起主要作用的并非壶寿的人马，而是在邺城附近活动的黑山军。若无黑山军的支持，壶寿绝对打不开邺城的城门。因此，不论从目前收复邺城着眼，还是从日后彻底稳定冀州着眼，都必须先解决黑山军。黑山军一旦解决，邺城中的壶寿孤掌难鸣，便只有束手就擒一途可走了。

对形势有了清醒的认识，袁绍决定采取一个比较迂回的攻城方略，即自己亲率大军，从邺城东北的斥丘，绕至邺城以南的山区，开始清除黑山军的据点，由南向北迫近邺城。与此同时袁绍又物色一位得力的干员为新任魏郡太守，要他为接管邺城积极做好准备。新任太守姓董名昭，字公仁，乃兖州济阴郡定陶县（今山东省定陶县）人氏。董昭受命之后，即率一批随员及军队，前往邺城附近开展工作去了。

　　这年六月一开始，即连降霖雨不止。二十天后，雨住转晴，赤日高照，湿气升腾，中原大地热得犹如蒸笼之中一般。就在这罕见的暑热天气，袁绍亲自统率麾下主力军团数万人，从斥丘县南下，经内黄县境，直抵河内郡朝歌县（今河南省淇县）西边五十里的鹿肠山下。这鹿肠山山势险峻，道路崎岖，北距邺城约二百里。黑山军的头领于毒，自从帮助壶寿攻下邺城之后，即转移到鹿肠山一带活动。袁绍早已把于毒活动情况摸得一清二楚，决心以突然奔袭的战术先发制人。

　　袁绍兵马由鹿肠山南端的苍岩谷入山，马衔枚，人卷甲，悄悄对黑山军所住的山寨实施包围。于毒本来的根据地是在邺城西南一百里处的黑山一带，现今转移到距邺城更远的鹿肠山，其意图很明显，就是不愿与南下的袁绍大军决战。到了鹿肠山后，他认为处境安全无虞，因而完全放松了戒备。等他发觉袁绍兵马的行动时，已经陷入重重包围。

　　袁绍不让于毒有整军备战的机会，立即指挥全军发起猛烈的进攻。那于毒虽然遭受突然袭击，而且军队人数少于对方，却也毫无惧色，顽强凭险抵抗。于是，一场惨烈的激战，便在荒僻的鹿肠山中展开。

　　经过五天五夜的浴血相争，袁绍的兵马终于攻破了黑山军的营垒。于毒本人阵亡，其属下二三万人一部分战死，另一部分则被袁绍收编。

　　袁军凭借大胜之势，又向北进攻黑山一带的于毒余部。主帅既亡，余部军心涣散，袁绍没有费什么力气，便把黑山一带的敌对武装势力肃清。七月间，袁绍终于把大军推进到熟悉的邺城城下。

　　势孤力薄的壶寿，当然更不是袁绍的对手。第一次攻势，袁军即破门入城。当上冀州牧没有几天的壶寿,被杀死在州牧府的大门前。经过数月的分离,袁绍重又回到邺城的府邸之中。

魏郡太守董昭立即开始恢复城中的社会秩序。袁绍对此次邺城的变故深感痛心。为了避免今后再发生此类事件,他决定再对邺城西北方的其他黑山军发动大规模的清剿。当时,在邺城西北的西山(今太行山)东麓,还有黑山军总头领张燕及其他数十股黑山军支队在活动。张燕其人作战勇猛迅疾,时称"张飞燕"。其麾下战士,个个剽悍异常,颇难对付。正当袁绍在因为手下无人能够降伏张燕而苦恼时,忽有一员可当此任的赫赫名将前来投奔,令他喜出望外。这员名将不是别人,便是有"飞将"之誉的吕布。

吕布字奉先,乃并州五原郡九原县(今内蒙古自治区包头市西)人氏。其人生自草原大漠之上,娴习弓马,膂力过人,成年后投身戎行,一直以骁勇闻名军旅。所到之处,皆称之为"飞将",意谓其行动之迅疾,直可与西汉的飞将军李广相匹敌。当初袁绍建议召外兵入京,吕布即在骑都尉丁原的手下效力,很得丁原的宠任。可惜吕布虽然勇武无敌,其品性却最是反复无常。陈登曾有一个比喻,说是对待吕布"譬如养虎,当饱其肉,不饱则将噬人"。曹操也有一个比喻,说是对待吕布"譬如养鹰,饥则为用,饱则飏去"。不论如养虎或养鹰,其意都是说吕布心中从未有过忠诚其主的概念。董卓入京之后,一心想夺取丁原手下的兵马以壮大自己的力量,便以重金显职收买吕布,令其暗杀丁原。吕布立即依令行事,亲自把丁原杀死,并割下首级拿去向董卓请功。董卓大喜,以吕布为骑都尉,"甚爱信之,誓为父子"。但是,三年不到,吕布又应司徒王允之请,亲手刺死董卓,然后以奋武将军的身份,与王允共同执掌朝政。不久,董卓的余部起兵攻长安,吕布势孤不敌,只得率数百亲兵逃出长安,准备到荆州的南阳郡去投奔袁术。袁术心想:你吕布狼子野心,谁容纳你,你就杀谁,我还敢收你为座上客么?于是传令守境的部属:不准吕布进入南阳!吕布南下不成,遂拨转马头北上邺城,来投袁术的哥哥袁绍。袁绍正愁没有人充任先锋去降伏张燕,一听吕布前来投奔,不禁大喜。他也不管容纳吕布是否如同养虎养鹰,当即把吕布的兵将编入先锋队里。数日之后,袁绍亲提大军,由邺城出发,前往扫荡西山。

袁军沿着南北走向的西山东侧,由南向北推进。一路之上,势如破竹,接连摧毁黑山头领左髭丈八、刘石、青牛角、黄龙、左校、郭大贤、李大目、于羝根等人的营垒,斩获数以万计。每次大战,袁绍皆以吕布为先锋冲击敌阵。那吕布骑一匹叫做"赤兔"的赤红色宝马名驹,使一杆寒光闪闪的百炼长矛(并非是后世所谓"方天画戟"),在左右敢死壮士的簇拥之下,陷阵攻坚,往来如风,每战必胜。不久,袁军就进入冀州常山郡(治所在今河北省元氏县西北)地界。

常山郡是黑山军总头领张燕的根据地。张燕的家乡,即在常山郡的真定县(今河北省正定县南),也就是说,他与刘备手下的名将赵云乃是同乡。张燕听说袁绍大军来到,连忙点起麾下兵步约两万、骑兵数千,严阵以待。袁绍仍然使用老办法,即先以吕布兵马为前锋纵横冲击敌阵,然后再以大兵掩杀。于是,有"飞燕"之称的张燕,与有"飞将"之称的吕布,在井陉山下的滹沱河边,大战上百回合,直杀得天昏地暗,遍地血红。后来,彼飞不敌此飞,张燕渐渐不支,连忙率领亲信随从千余人逃往深山。其麾下两万余人马,除阵亡逃散者外,全部成为袁军的俘虏。

常山之战,是整个扫荡黑山军战役的最后一幕。大小百余战,纵横近千里,这场扫荡黑山军的战役,终以袁绍取得彻底胜利而告结束。胜利者袁绍,至此才算完全解决了冀州境内的统一和安定问题,并且通过大量收编黑山军俘虏,大大加强了他的武装力量。这种情形,与曹操完全一样,曹操也是在击败和收编了三十万青州黄巾军之后,势力大大增强的。东汉末年的农民军,有两支战斗力量最强最大,一是冀州的黑山军,一是青州的黄巾军。现今两支强大力量,分别由袁绍、曹操吞并,所以以后来决定由谁控制北方的官渡决战,是在此二人之间展开,乃是情理之中的事。因为此战大胜,袁绍在从常山凯旋回邺城的途中,踌躇满志,面有得色,大有天下英雄舍我其谁的模样。

但是,同归的吕布,心情就大不一样了。吕布心中涌动的是一股强烈的不满情绪。你袁本初每逢恶战,总是把我派为先锋,让我替你攻坚陷阵,而今扫荡战胜利结束,却对我这个立下汗马功劳的元勋,毫无酬谢慰劳的表示,真是岂有此理!你不给酬劳,难道我不会自己要么?主意既定,吕布一回到邺城,便向袁绍提出第一个要求:请拨给五千兵马,以补充和加强麾下前锋营的力量。

袁绍对吕布的认识,与曹操对吕布的认识相似,即其人如鹰,"饥则为用,饱则飏去"。既然不能让其吃饱,所以有功亦不能给赏,至于其扩充力量的要求,更是不能考虑。冲击千军万马如入无人之境的吕布,在袁绍面前却碰了一鼻子灰,他不禁怒火中烧,便索性发起横来。每隔数日,吕布即派部下出营到民间抢掠一番。男丁、妇女、财帛、粮食,见到什么就抢什么,纯如盗匪行径。几次行动下来,吕布捞到不少油水,而邺城内外的民众却陷入一片恐怖与惊惶之中。

让"飞将"在邺城为非作歹当然不行,袁绍暗中开始筹划对付吕布之计。而吕布这一方面,本来是把抢劫作为一种要挟袁绍给于酬劳的手段,几次抢劫之后对方仍无反应,吕布也觉得无聊,便决心离开袁绍前往河内郡(治所在今河南省武陟县西)投靠他人。

吕布要走，袁绍求之不得，当即应允，并赠以一笔数量可观的程仪。与此同时，又上表一通，推荐吕布担任司隶校尉一职。在外人看来，袁绍对吕布也还算得上善始善终、人情美美，其实却大谬不然。

就在吕布临行前夕，袁绍派出了一支三十人的卫队，前往邺城南郊吕布的驻地，说是要这些近卫健儿代表自己，护送吕将军一程。吕布心想：我吕布威名流播天下，何须他人护送？袁本初殷勤过分，莫非有诈？他不动声色，把来人安置在大帐之侧，然后命一军中艺人在大帐之内弹筝，自己则一面听筝，一面饮酒。待袁绍卫队全部解甲安睡之后，吕布命艺人继续弹奏，而他自己则悄然出帐，径往河内而去。

那三十名卫队健儿，果然负有袁绍交付的特殊使命。半夜过后，他们一齐起身，披甲提刀，直奔吕布休息的大帐。入帐之后，他们拥至吕布卧榻侧畔，对准榻上便是一阵乱刀砍下。此时，吕布巡营的兵丁发现大帐之内有异常动静，连忙发出警报。袁绍派出的刺客们立即夺路杀出营门，向袁绍请功去了。

在邺城等候消息的袁绍，听说吕布已被杀死，十分高兴。但是刺客们没有带回头颅，他心中总有几分不踏实。天明之后，出去打听消息的人员回来报告，说是吕布并未殒命，甚至毫发无伤，这一下袁绍大为紧张。他深知吕布的厉害，为了阻止吕布杀回马枪，于是传令关闭邺城城门，严阵以待。然而这只是一场虚惊，就在邺城全城戒严之际，吕布已经南行百里，进入河内郡的地界了。这正是：

　　来客凶残如虎豹，主人歹毒似豺狼。

要知道袁绍送走吕布，接下来又丧失了一个什么样的大好机会，请看下文分解。

一〇 坐失良机

袁绍二十多年的政治生涯，若按性质划分，可以分为两大时期。在他悬节出京之前，属于通过正常途径谋求政治发展的时期，之后则属于通过非常途径谋求政治发展的时期。所谓正常途径，即一般的仕进升迁方式。而所谓的非常途径，则是指拥兵自立，割地称雄。

就其后一时期而言，结盟讨伐董卓是第一阶段，设计夺取冀州是第二阶段，控制冀州全境是第三阶段。在以上三个阶段中，袁绍的行动基本上没有什么大的失误，因此，他的个人势力得以逐步扩大，最后终于牢固控制了冀州全境，还向东发展到了青州。但是，在紧接着的下一步战略决策中，他却走出了一步大错棋。此一大失着，不仅使他本人今后一直在政治上陷入被动境地，而且还造就了竞争对手曹操的优势地位，从而改变了后来整个历史发展的格局。

欲知袁绍走了一步什么样的大误着，失去了一个什么样的好机会，不可不先把袁绍扫荡黑山军那一两年间的天下形势变化略作交代。

先说西都长安的情形。初平三年（192）四月，司徒王允命吕布杀死董卓，二人共掌朝政。两个月后，董卓的残郡李傕、郭汜等举兵作乱，攻入长安，杀死王允，驱走吕布，从此长安即成为骄兵悍将的天下。董卓初死之时，长安城中及其左近地区尚有居民数十万家。李催、郭汜等攻占长安后,纷纷纵兵抢掠,加之出现大饥荒,到了兴平二年(195),竟然"长安城空四十余日,强者四散,羸者相食,二三年间,关中无复人迹",完全是一片人间地狱的景象。在此期间,长安城中的拥兵诸将又展开激烈的厮杀,而正统攸归的天子汉献帝,则成为军人争夺的目标。兴平二年(195)七月,汉献帝在一批臣僚的簇拥下,东出长安,经新丰县(今陕西省西安市临潼区东北)、华阴县(今陕西省华阴市)、弘农县(今河南省灵宝市北)、陕县(今河南省陕县)、大阳县(今山西省平陆县西南),最后到达河东郡的郡治安邑县(今山西省夏县西北)才暂住下来,此时已是次年正月的上旬了。

正月初七日癸酉,汉献帝在安邑宣布改元,新年号取名"建安"。建安者,建立安定秩序之意也。建安元年(196)七月,经历千辛万苦,汉献帝终于回到朝思暮想的旧京洛阳。但是,洛阳宫室烧尽,衣食无着,君臣都陷入极度困窘的境地,请看史书的记载:

> 百官披荆棘,依墙壁间。群僚饥乏,尚书郎以下自出采稆,或饥死墙壁间,或为兵士所杀。

此时此刻,若有人愿意把皇帝接到一个有吃有住的地方去,那么他立时就可以控制汉家小朝廷,从而"挟天子以令诸侯"。

再看京都以外的州郡形势。自从董卓西上长安之后,当初歃血结盟信誓旦旦要起兵清除"国贼"的诸侯,竟然也多少模仿那"国贼"的不臣行径,纷纷割据自立。为了争夺地盘,他们彼此攻杀,今天你吃我,明天他吞你,直把一个朗朗乾坤,变成了血流漂杵的悲惨世界。经过五年的血火相争,到了兴平二年(195),逐鹿的群雄主要剩下以下诸人:即兖州的曹操、徐州的刘备和吕布、荆州的刘表、扬州(主要地域在今上海市、江苏、安徽、浙江、福建、江西、台湾省)的袁术和孙策、益州(主要地域在今四川、云南、贵州、陕西省)的刘璋、凉州的马腾和韩遂,幽州的公孙瓒和公孙度,最后还有袁绍。

此时的割据群雄,若要比谁的地广,人多,粮足,首先就要数袁绍。袁绍扫荡黑山军牢固控制冀州之前,即已派遣外甥高干出任并州刺史,占领了与冀州西境邻接的并州。同时,又以长子袁谭为青州军事长官,把与冀州东境接壤的青州也逐步抓在手里。此外,他还向与冀州南境接壤的兖州发展势力。兖州东郡的太守臧洪,即是由袁绍自行委任的。也就是说,此时的袁绍,已将河北冀、青、并、幽四州之地占去了三州,而他人最多只割得一州。这是关于"地广"。至于"人多",按照史籍所载,冀、青、并三州在东汉后期时,登记在册者,有户一百六十五万,有口一千零三万,其人口约占全国人口五千余万的五分之一。汉末战乱,人口锐减,但是此三州占全国人口五分之一的比例大体不变。最后说到"粮足",更是袁绍的突出优势。当时的逐鹿群雄,普遍缺乏粮谷,史书描述当时的情景云:

> 自遭荒乱,率乏粮谷。诸军并起,无终岁之计,饥则寇略,饱则弃余,瓦解流离无敌自破者,不可胜数。

就连素有远见的曹操,也曾经以人肉干为军粮。但是,袁绍所据的冀州,却是仓廪充实,库存粮食竟可支持十年之需。

了解到当时的天下大势我们即可明白,羽翼丰满的袁绍,不论从尽忠汉室的大道理出发,还是从扩张势力的小算盘着眼,其下一步的战略行动,都应当是把汉献帝迎接到自己所控制的冀州。

其后扫荡群雄统一北方的曹操,其成功主要依靠两大法宝。一是抢先把汉献帝迎接到了自己所控制的许县(今河南省许昌市东),从而形成"挟天子以令诸侯"的政治优势。二是及时在辖区之中实施屯田制度,积谷无算,从而形成"征伐四方,无运粮之劳"的军事优势。《棋经》有言云:"彼之好点即我之好点。"这一道理其实也适用于其他双方竞争的场合。对于袁绍而言,由于粮谷充足,并不需要花大力气去实施屯田,只消从政治上着力,把汉献帝控制到手中也就可以左右天下。如果这样,那么曹孟德此后很难有得志的机会。但是,自以为智略冠世的袁绍,却没有及时走出这一步好棋。

是冀州距离京城太远难以实施行动吗?答案是"否"。袁绍所在的邺城,距洛阳不过七百里左右,而且是平川大路,来往便利,其间也并无其他的强劲敌对武装势力阻隔。如果派一支精锐之师到洛阳护驾,来回一个月也就足矣。事实上,逐鹿群雄中根据地距洛阳最近者,除了曹操就数袁绍了。当初有董卓兵马设关守卡,严加盘查,袁绍单身匹马,尚且能从这条路线逃往关东。如今他手握强兵,名正言顺到洛阳迎接天子圣驾,难道还是难事不成?

是没有人在旁提醒他么?答案也是"否"。就在汉献帝离开长安开始到处流浪后不久,袁绍手下两位最具战略眼光的谋士便向他献计,要他立即动手把天子接到邺城。这两位谋士,即是田丰和沮授。

田丰是在与袁绍私下交谈中提出这一重大建议的,可惜并未引起袁绍的重视。而沮授则是在一次由袁绍主持的战略研讨会上,正式发表意见,他对袁绍说道:"将军累世为辅弼重臣,以忠义知名天下。今天子大驾颠沛,宗庙悉成丘墟,而诸州郡假托兴举义兵,实则彼此攻灭,未有真心匡扶王室拯救百姓者。趁此州境安定之际,将军宜奉迎大驾,安宫邺都,挟天子而令诸侯,蓄士马以讨不服,谁能抗之御之!"

在此特别需要指出的是,后世常说的"挟天子以令诸侯",其渊

一〇 坐失良机

源即出自此处的沮授之言。但是,细细品味沮授之言,特别是"大驾"、"王室"等措辞,可见他当时对汉献帝是充满敬意,而非态度轻蔑的。因此,他此处所用之"挟",不能理解为带有不敬意味的要挟之挟,挟制之挟,而是带有尊敬意味,或者至少是中性意味的挟带之挟。也就是说,沮授本人此言的原意,乃是陪奉着天子一起来号令诸侯,是对汉献帝带有尊崇情感的说法。即便心中有挟制之类的打算,然而在台面上却不能这样表示。但是,后世的讲说三国者,大多把沮授所言的"挟天子",理解为要挟天子、挟持天子,并没有注意到此时此刻沮授对汉献帝的情感和态度,这样就把沮授这句名言的原本含义讲偏差了。

袁绍听了沮授之言,脸上登时现出喜悦之色。但是,他的高兴是冲着沮授头两句话来的,凡是听到有人颂扬他的先世门第,他都禁不住要露出微笑。至于沮丧接下来提出的建议,他并不怎么特别看重,其中原因,下面再说。

袁绍手下还有一位心腹谋士,姓郭名图,字公则。此人智谋浅短,却惯会迎合上司意旨。他还有一种毛病,即对才略优于自己之人,总想借机打击压制。他对奉迎汉献帝的建议,内心深处还是赞同的。但是,此项建议不是由他自己,而是由谋略胜于自己的沮授提出来,他就一定要坚决反对了。具有此种近乎病态心理的人士,在当今社会亦时或有之。当下郭图便侃侃发表异议道:"汉室衰颓,为日已久,今欲兴之,不亦难乎!况且现今群雄各据州郡,拥众动辄以万计,正所谓'秦失其鹿,先得者王'。假若奉迎天子至近前,凡事须先上表奏闻,依从则己之权轻,违抗则于理不顺,左右掣肘,非计之善者也。"

陈寿《三国志》在解释袁绍何以不愿奉迎汉献帝到邺城的原因

时说,当初废黜少帝刘辩改立献帝刘协,完全是董卓的主意,袁绍对此曾表示强烈反对,袁绍对献帝无好感,故而不愿奉迎之。这一解释有道理,但是并未切中问题的肯綮。

其实,袁绍不愿奉迎汉献帝的根本原因,是他本人就怀有代汉称帝的野心。当时,四海分崩,汉帝形同傀儡,一心做皇帝美梦者大有人在。比如,辽东郡(治所在今辽宁省辽阳市)的太守公孙度,制作了皇帝使用的御车和仪仗,又按皇家礼制举行郊天、祀地和亲耕籍田的仪式,俨然是辽东天子。益州的州牧刘焉,也在成都造作皇帝专用的车辆上千,一心想当益州天子。还有袁绍的老弟袁术,此时转移到扬州的寿春县(今安徽省寿县),也想在淮南登上九五之尊。他的部将孙坚攻入洛阳时,曾在城南的一口井中,得到汉献帝匆匆西上长安时丢掉的传国玉玺。早就在做皇帝梦的袁术,立即从孙坚手中把传国玉玺拿了过来。这方玉玺是秦始皇所制,用蓝田美玉琢成,见方一寸,约合今二十四毫米,其上为五龙交缠之纽,其下刻有李斯所书八字印文,文云:"受命于天,既寿永昌。"此种见方一寸之玉玺,时称为"方寸玺",可以随时佩带于身边,既是皇帝威权之象征,又能在下达手诏时方便取用。至于下达正式诏书,则用另外六种玉玺加印。秦亡,传国玺由汉高祖得到,辗转相传,以至于献帝。拿到了传国玺,袁术自以为天命所归,立即召幕僚研究代汉称帝之事。北面的幽州,西面的益州,南面的扬州,都有人要当皇帝,袁绍的声望比他们高,力量比他们强,自高自大的意识比他们强烈,岂有不动心之理?只不过作为起兵讨伐"国贼"匡扶王室的盟主,慷慨激昂的盟誓之辞言犹在耳,他觉得眼下还不好意思把内心所想表露出来而已。郭图揣摩透了袁绍心思,所以迎合其意来反驳沮授,自然得到了袁绍的赞同。

善于从大局着眼来判断形势的智者,往往拙于揣摩狭窄阴暗的小人内心，沮授即是如此。他见袁绍明显赞同郭图的意见，也不深究个中的奥妙，竟然以忠义之道来继续劝说袁绍道："今迎天子，既申大义，且合时宜。如不早日行动，必有他人占先。'君子见机而作，不俟终日'，此经典之明训也，愿将军速作决断！"

袁绍有一个大毛病，就是不大听得进与自己本意不合的意见，无论其是否正确。这一个毛病，又和他那从极度自卑转化成极度强烈的畸形自尊心有关，这一点前面已经说过了。但是，你又不是全知全能的上帝，岂能事事判断得十分准确？既不能料事如神，又不能从善如流，那么纵然如孟尝君之好士养客，又有何用？岂不是装点门面之举么？岂不是认认真真在做空事么？此时此刻，任他沮授说者谆谆，袁绍始终听者藐藐。更有甚者，在这次会议过后不久，袁绍竟然亲提大军，朝着与洛阳反方向的东边，去打兖州东郡的臧洪去了。这一打便打了将近一年，结局果然如沮授所料，在此期间有人夺了机先。

何人夺了机先，暂且留在下文叙述，此处先把袁绍攻打臧洪的始末先作交代，因为从此事当中，我们可以进一步了解袁绍其人。

关于臧洪，前文已有所介绍，他原本是广陵郡太守张超最为信任的幕僚，曾经担任兖州刺史刘岱、豫州刺史孔伷、陈留太守张邈、东郡太守桥瑁和广陵太守张超这五人盟会仪式的主持人。那次盟会之后不久，臧洪受张超之命，到幽州去见州牧刘虞。不料行至中途，正好碰上袁绍与公孙瓒大战，无法北上，便在冀州停了下来。袁绍素闻臧洪之名，见面之后很是倾心，便与之结为金兰之好。稍后，袁绍即任命臧洪为青州刺史。臧洪在事两年，政绩突出，令袁绍叹赏不已。初平三年（192）四月，兖州刺史刘岱被黄巾军杀死，袁绍便自行任命东郡太守曹操为兖州刺史，而东郡太守一职则由臧洪去接任。

曹操到了兖州,即与张邈、张超兄弟发生矛盾。先是二张暗中招引从袁绍那里逃出来的吕布,趁曹操东征徐州之际,袭据了兖州。一年后,曹操又打回兖州,吕布与张邈逃往徐州投靠刘备,张超及张氏家属则被围困在雍丘县(今河南省杞县)孤城之中,生命危在旦夕。

臧洪在东郡得知故主有难,立即驰往邺城,赤足号哭,请求袁绍看在过去同盟的份上发兵援救。但是,袁绍当时正与曹操打得火热,加之又因张邈曾经指责他出任盟主时面有骄色而一直对张怀恨在心,所以断然拒绝发兵。兴平二年(195)十二月,雍丘城破,张超及其亲属全部被曹操诛杀。臧洪愤怒已极,回到东郡便宣布与袁绍决裂。此时的袁绍志骄意满,那里容得小小的臧洪与自己作对?所以也不顾眼前有多少更为重要之事需要处置,也不顾天子在洛阳如何饱受饥寒之苦,提起数万兵马便向东郡杀来。

当时臧洪的治所,是在东郡的东武阳(今山东省莘县南)。此城东依漯水,城池坚深,是一处易守难攻的军事要塞。东武阳在邺城正东二百余里,距离甚近。正因为如此,所以臧洪一宣布与袁绍决裂,马上就动员城中军民,作好应战的准备。臧洪在东郡也深受军民拥护,而且人们又知道他与袁绍决裂是出自忠于旧主的正气,因而全城一心,誓同强敌周旋到底。

兴平二年(195)年底,袁绍大军来到东武阳城下,立即实施严密包围并展开进攻。臧洪亦指挥城内数万军民顽强抵抗。起初袁绍还以为攻灭一座孤城,只消十天半月足矣,哪知道大谬不然。从当年底直到次年秋,几乎进攻一年,东武阳城依然屹立不下。袁绍恼羞成怒,下令从冀州增调兵马,不分昼夜轮番进攻。此时城中粮食耗尽,军民被迫挖洞捉鼠,或取弓弦之牛筋,煮以为食。如此又坚持一段时间,城池才告陷落。

袁军破城后,生俘臧洪。消息传到郊外大营,袁绍立即召集诸将,布置会场,然后传见俘虏。臧洪被兵士推入场中跪下,高坐在上的袁绍发话道:"臧洪,何以负心如此?今日被俘,总该心服了吧。"

臧洪用力抬起头来,怒目圆睁,答道:"袁氏事汉,四世五公,可谓受恩深重。今王室衰弱,毫无扶救之心,反有非分之想,多杀忠良,以立奸威。洪当初亲见你呼张陈留(指陈留太守张邈)为兄,则其弟即是你弟,何忍拥众坐视其家受人屠灭!可惜洪力小才劣,不能为其报仇雪恨,今日有死而已,岂有心服之理!"

袁绍的本意,是想赦免臧洪使之再度为己所用。然而臧洪说他有非分之想,触及其隐私,他顿时恼怒起来,把那爱才的初衷忘得一干二净。于是,他传令推出罪人斩首。就在此时,座中忽有一人起立对袁绍言道:"将军举大事,为天下除暴,而反先杀忠义之士,岂合天意?臧洪一切皆为故主,即使有罪,又何至斩首?"

袁绍举目一看,原来是臧洪的一位幕僚陈容。在东武阳城未攻陷之前,臧洪曾先疏散一批老弱病残,陈容亦在其中。今日袁绍召陈容列席,是想让他到时候劝说臧洪一二,哪知他却反为臧洪仗义执言。当下袁绍对他说道:"你与臧洪不同,何须如此!"

陈容从容答道:"仁义之道,行之则为君子,背之则为小人。今日我宁与臧洪同日死,不与将军同日生!"

袁绍不禁勃然大怒,马上喝令侍从把陈容推出一并斩首。这一意外结局,令在座者无不震惊惋惜,当即有人私下说:"可叹一日之中,竟杀二位义烈之士!"

攻破东郡,杀了臧洪,袁绍出了胸中恶气,心情大快。这年初冬,他收兵凯旋,回转邺城,立刻就得到一个确切的消息:汉献帝被曹操迎接到许县去了!这正是:

良谋拒绝怀私计,坐失先机后悔迟。

要知道袁绍得知曹操将汉献帝迎接到许县之后,他与曹操的关系将会有何变化,请看下文分解。

一一　袁曹生隙

袁绍与曹操的关系，迄至建安元年（196）九月，曹操把汉献帝接到许县并执掌汉朝政事为止，一直非常亲密，至少从外表看来是如此。用当时人们的话来形容，即是"袁曹方睦"。

在这种亲密关系中，又以曹操受对方之惠为多。其中重要的，就有以下五件事。

初平元年（190）三月，曹操随众起兵讨伐董卓，会师酸枣县（今河南省延津县西）。酸枣诸军畏敌不前，曹操率麾下五千人马孤军西进，荥阳一战大败，全军尽没。曹操到扬州招兵买马，仅得千余人，势单力薄，难以自立，只得到河内郡（治所在今河南省武陟县西）投奔袁绍。袁绍以盟主身份热情接纳了曹操，并分给他少量兵众，使之恢复元气，此其一。

初平二年（191）秋，曹操在东郡（治所在今河南省濮阳县）一带击破黑山军，有功，袁绍立即自行任命曹操为东郡太守。至此，曹操在举兵讨董之后，第一次有了自己控制的一块地盘，此其二。

初平三年（192）四月，青州黄巾军近百万人涌入兖州，兖州刺史刘岱与之交兵而阵亡，兖州官员至东郡请曹操权且代任刺史。曹操应命率众激战黄巾军，大胜，但朝廷以曹操自任州职为非法，另派一新刺史前往接任。此时袁绍以盟主身份，假借皇帝名义，自行任命曹操为兖州刺史。于是,有了名分的曹操,得以将地盘由一郡扩大到一州,此其三。

兴平元年(194)四月,曹操为报父仇,率军东攻徐州牧陶谦。袁绍特派骁将朱灵,率精兵三大营前往助战,使曹操得以大胜,此其四。

曹操东征徐州(主要地域在今山东、江苏省)之际,张邈、张超等人联合吕布,趁虚占领了兖州。曹操回军击溃吕布与张邈,然后围张超于雍丘。袁绍不救张超,并在雍丘受攻之时上表朝廷,再次以曹操主持兖州的州政,使曹操重新在兖州站稳脚跟,此其五。

由这五件事足可看出:曹操之所以能成气候,与袁绍的扶助大有关系。完全可以说,没有袁绍的大力扶助,曹操很难取得后来巨大的成功。难怪后来袁绍在追述这些往事时,能够理直气壮说一句"我有大造于操也"。大造者,大恩大德也。

当然,胸怀鸿鹄之志的曹操,并不甘心当袁绍的小伙计,而是随时准备自造乾坤。这一点,就连在袁绍手下当魏郡太守的董昭也看得出来,他曾对人说道:"当今袁、曹虽然结好,情同一家,然而势不可久。曹今虽弱,实乃天下之英雄,必成大事!"

基于以上判断,董昭不久即改换门庭,投奔曹操。不过,曹操尽管久蓄自造乾坤之志,却因力量不足,一直未能如愿。为了能够早日实现自己的目标,他不得不与袁绍搞好关系,利用强大的外援谋求生存和发展。曹操与袁绍不同,曹操最能发现机会,并且能以最快的速度采取行动,真正够得上《周易·系辞》中"君子见机而作,不俟终日"这句赞语。而他见机而作的非凡能力,在奉迎汉献帝到许县一事中得到了充分的展现。

早在初平三年(192),曹操刚刚把自己的地盘从东郡扩展到整个兖州的时候,他就已经把汉献帝列为自己捕捉的目标了。当时,他手下一位谋士名叫毛玠,向他献计说:"今袁绍、刘表,势力虽然强大,然而皆无深谋远虑。兵以行大义者胜,而开创基业还必须凭借财力。为能达到义、财两者并举,将军宜奉天子以令不臣,修耕植以蓄军资,如此则霸业可成。"

曹操非常赞同毛玠的战略设计,从此就把"奉天子以令不臣,修耕植以蓄军资"视为自己的指导方针。此处毛玠的"奉天子以令不臣",正好就是上文中沮授"挟天子以令诸侯"的另一种说法,两者含义完全相同。由此也可证明,沮授所言的"挟天子",正是毛玠的"奉天子",其原意完全没有要挟、挟制的轻视含义。虽然在实际上,天子汉献帝确实被曹操所挟制,但是在表面的官场话语上,却绝对不会这样说。四年之后,汉献帝从长安回到已经成为废墟的洛阳,吃住均无着落,落入极度困窘的境地。此时的曹操,已经驱走吕布重新占据兖州,并且还把豫州的颍川郡(治所在今河南省禹州市)、陈郡(治所在今河南省淮阳县)和汝南郡(治所在今河南省平舆县北)这三个重要的郡,牢牢控制在手中。他认为实施上述指导方针的时机已到,于是积极布置,准备到洛阳迎接天子到颍川郡的许县。

当然,在曹操的部属当中,也有不少谋士反对此举,这种情况与袁绍部属商讨奉迎汉帝时的局面极其相似。但是,曹操与袁绍不同,曹操有正确的判断力,以及认准目标坚持行动的自信心。他亲自统率一支实力强劲的精兵,由许县驰赴洛阳。建安元年(196)八月十三日辛亥,曹操抵达京城。十天之后,也就是八月二十二日庚申,曹操即护卫汉献帝起程前往许县。从此,汉献帝就成为曹操、曹丕父子手中的傀儡,任其操纵长达二十五个年头。

九月一日己巳,汉献帝一行到达许县。当天皇帝下达诏书,正式委任曹操为大将军,封武平县侯,执掌汉室朝政。同时,又立宗庙、社稷于许县,许县即成为洛阳、长安以外的临时首都。

一朝权在手,便把令来行。曹操奉天子之后最先办理的一件事,即是以天子的名义下达一封诏书给袁绍,严词指责袁氏,"地广兵多而专自树党,不闻勤王之师而但擅相讨伐"。当朝廷特使把诏书送到邺城之日,正是袁绍杀了臧洪凯旋回师之时。袁绍捧读诏书之后,差一点没有气昏过去。

他心里很明白,这通文字名义上是天子诏书,实际上无异于曹操的私人信件。十六岁的小皇帝刘协懂得何事?还不是曹操这匹夫在幕后操纵么!他气自己,以前怎么就没有能识透曹操的真面目呢?竟然还引之为朋友,一而再、再而三地给予大力帮助,真是荒唐可笑!现在可好,曹操羽翼丰满了,马上就恩将仇报,这真应着了古人所说的"养虎自遗患"这句话。袁本初呀袁本初,此番你将成为天下人的笑柄了!

不过,袁绍虽然气愤已极,外表却是镇静如常。这点有限的自我控制能力,是他最引以为豪的本事。当下他与心腹幕僚们商议一番,决定对曹操的嚣张气焰给以反击。

反击的手段不是使用武力,而是以文对文。你能假托天子的名义下诏书指责我,我就不能借向天子上表章来揭露你么?难道天下善文之士都在你曹孟德的麾下效劳,我袁本初就打不好笔墨官司?现在先给你来文的,稍后再用武的同你算账。主意既定,袁绍即令手下擅长章奏的幕僚,草成上表一道,派专人送往许都。这篇表文走笔老辣,值得一读:

> 臣闻昔有哀叹而霜陨,悲歌而崩城者。每读其书,谓为信然;于今况之,乃知妄作。何者?臣出身为国,破家立事,至乃怀忠获衅,抱信见疑,昼夜长吟,剖肝泣血,曾无崩城、陨霜之应,故

邹衍、杞妇何能感彻？

臣以负薪之资，拔于陪隶之中，奉职宪台，擢授戎校。常侍张让等滔天乱常，侵夺朝威；贼害忠德，扇动奸党。故大将军何进，忠国疾乱，义心赫怒，以臣颇有一介之节，可责以鹰犬之功，故授臣以督司，谘臣以方略。臣不敢畏惮强御，避祸求福，与进合图，事无违异。忠策未尽而元帅受败，太后被质，宫室焚烧，陛下圣德幼冲，亲遭厄困。时进既被害，师徒丧沮，臣独将家兵百余人，抽戈承明，竦剑翼室，虎叱群司，奋击凶丑，曾不浃辰，罪人斯殄。此诚愚臣效命之一验也。

会董卓乘虚，所图不轨。臣父兄亲从，并当大位，不惮一室之祸，苟惟宁国之义，故遂解节出奔，创谋河外。时卓方贪结外援，招悦英豪，故即臣勃海，申以军号，则臣之与卓，未有纤介之嫌。若使苟欲滑泥扬波，偷荣求利，则进可以享窃禄位，退无门户之患。然臣愚所守，志无倾夺，故遂引会英雄，兴师百万，饮马孟津，歃血漳河。会故冀州牧韩馥，怀挟逆谋，欲专权势，绝臣军粮，不得踵系，至使猾虏肆毒，害及一门，尊卑大小，同日并戮。鸟兽之情，犹知号呼。臣所以荡然忘哀、貌无隐戚者，诚以忠孝之节，道不两立，顾私怀己，不能全功。斯亦愚臣破家徇国之二验也。

又黄巾十万，焚烧青、兖；黑山、张杨，蹈藉冀域。臣乃旋师，奉辞伐畔。金鼓未震，狡敌知亡。故韩馥怀惧，谢咎归土；张杨、黑山，同时乞降。臣时辄承制，窃比窦融，以议郎曹操，权领兖州牧。会公孙瓒师旅南驰，陆掠北境，臣即星驾席卷，与瓒交锋。假天之威，每战辄克。臣备公族子弟，生长京华，颇闻俎豆，不习干戈；加自乃祖先臣以来，世作辅弼，咸以文德尽忠，得免罪戾，臣非与瓒角戎马之势、争战阵之功者也。诚以贼臣不诛,《春秋》所贬,苟云利国,专之不疑。故冒践霜雪,不惮劬勤,实庶一捷之福,以立终身之功。社稷未定,臣诚耻之。太仆赵岐,衔命来征,宣明陛下含弘之施,蠲除细故,与下更新。奉诏之日,引师南辕。是臣畏怖天威,不敢怠慢之三验也。

又臣所上将校,率皆清英宿德,令名显达,登锋履刃,死者过半,勤恪之功,不见书列。而州牧、郡守,竞盗声名,怀持二端,优游顾望,皆列土锡圭,跨州连郡,是以远近狐疑,议论纷错者也。臣闻守文之世,德高者位尊;仓卒之时,功多者赏厚。陛下播越非所,洛邑乏祀,海内伤心,志士愤惋。是以忠臣肝脑涂地,肌肤横分而无悔心者,义之所感故也。今赏加无劳,以携有德;杜黜忠功,以疑众望。斯岂腹心之远图?将乃谗慝之邪说使之然也?臣爵为通侯,位二千石,殊恩厚德,臣既叨之,岂敢窥觊重礼,以希彤弓旅矢之命哉?诚伤偏裨列校,勤不见纪,尽忠为国,反成重怨。斯蒙恬所以悲号于边狱,白起歔欷于杜邮也。太傅日磾,位为师保,任配东征,而耗乱王命,宠任非所,凡所举用,皆众所捐弃;而容纳其策,以为谋主,令臣骨肉兄弟,还为仇敌,交锋接刃,构难滋甚。臣虽欲释甲投戈,事不得已。诚恐陛下日月之明,有所不照,四聪之听,有所不闻,乞下臣章,咨之群贤,使三槐九棘,议臣罪戾。若以臣今行权为衅,则桓、文当有诛绝之刑;若以众不讨贼为贤,则赵盾可无书弑之贬矣。臣虽小人,志守一介。若使得申明本心,不愧先帝,则伏首欧刀,褰衣就镬,臣之愿也!惟陛下垂《尸鸠》之平,绝邪诡之论,无令愚臣结恨三泉!

这一篇上表,洋洋洒洒一千余字,层次清晰,行文畅达。起首即以邹衍受冤而五月飞霜、杞梁之妻哭夫而城墙倾崩的古典为喻,说明自己同样受到莫大冤屈。冤屈何在？是自己尽忠报国而反受朝廷指责。以下便列举三大尽忠报国的证据，一是诛锄宦官，二是讨伐董卓，三是奉诏后立即与公孙瓒修好罢兵。末尾一段，先分析自己何以受到冤屈的原因，认为是"谗慝之邪说使之然"，接着对自己与袁术何以交兵不解略作解释，最后要求把自己这篇表章交付朝臣，以公论孰是孰非。全文结构严谨，一气贯通，确非文章高手不能为。

但是对我们来说，感兴趣的倒还不在此表的结构章法，而在以下两点特色。

首先，此文深得"扬长避短"的要诀。所谓扬长，是指自己的功劳要大说而特说；所谓避短，是指自己的丑恶要尽量遮羞和掩饰。以汉献帝名义下达的诏书，责备袁绍"地广兵多而专自树党，不闻勤王之师而但擅相讨伐"，这都是指袁绍据有冀州后的作为，而且也是确然不易的事实。袁绍自知理亏，所以在这方面尽可能减省笔墨，而把诛锄宦官、讨伐董卓的往日功劳，放在头前大表一番。如果是一位不知袁绍底细的人士，来看这篇文章，在先入为主的影响之下，定然以为他真的是"怀忠获衅，抱信见疑"了。而这正是他所希望产生的效果。

再者，此文又深得"藏锋不露"的要诀。所谓藏锋不露，是指锋芒不时指向曹操，但在文章表面上却不大看得出来。诏书是曹操以天子名义下达的，上面并无曹操的名字。因此，表文中虽然不时攻击曹操，其间也极少提及曹操的姓名。以牙还牙但又心照不宣，这就是政坛角斗的常用招数。细读此表，袁绍暗刺曹操的地方，至少有以下几处。

在第四段中，说自己得到冀州之后，曾自行以天子的名义"以议郎曹操，权领兖州牧"。此寥寥十字，看似平淡，其实具有极强的攻击力。须知曹操成气候,即自出任兖州牧开始,所以这一句话,含有两层言外之意:首先是说曹操乃忘恩负义之徒,受我袁绍的大力提携而反以怨报德;其次是说曹操一直是自己的同伙,如果一定要说我树立朋党,那么朋党中的主要成员就是你曹操,我若是坏人,你更是坏人。

另外,在最后一段中,有"州牧、郡守,竞盗声名……皆列土锡圭,跨州连郡"之语,这是讥刺曹操得任大将军,封武平县侯,执掌朝政;还有"陛下播越非所,洛邑乏祀"之语,这是指斥曹操把汉献帝移到许都,造成洛阳的皇家宗庙无人举行祭祀;有"赏加无劳,以携有德"之语,这是攻击曹操领兵入洛阳后,毫无功劳的亲信加官晋爵,像我这样的有德之人却被离间冷落;有"谗慝之邪说使之然也"之语,这是揭露曹操在天子下达诏书这一事情中的幕后操纵作用。可见此文的字里行间,处处都有刀光剑影在暗中闪动。

袁绍的表文送到许都,还真的起了一点作用。十一月七日戊辰,汉献帝正式下诏,提升袁绍为太尉,封邺县侯。按说加官晋爵乃是大喜事,在他人是求之不得。但是,诏命传至邺城之后,袁绍又着实气恼了一回。这是怎么一回事呢?

原来,按照东汉的官制,作为三公之首的太尉,在通常的情况下,即是最高一等的军职。如果同时又任命了大将军,那么大将军的地位即在太尉之上,太尉只能由通常的第一屈居第二了。袁绍自认为资历、声望和原来的官位都高过曹操,而曹操此时自任大将军,却把低一等的太尉留给了自己,此非有意欺侮自己又是什么?所以袁绍得知消息后,立即咬牙切齿骂道:"曹操匹夫多次陷入绝境,均靠我为之解救危难,而今竟敢忘恩负义,假借天子名义来指挥我!"

他当天就又上了一通表章,说自己无德无能无功无劳,不堪太尉的重任,坚决要求把此职让给德高望重的尚书令陈纪。曹操拿到袁绍的上表,顿时陷入沉思之中。

袁绍说的是气话,这曹操当然明白。曹操安排袁绍为太尉,又把袁的爵位从原来的乡侯(邟乡侯),提为县侯(邺县侯),都确实有笼络袁绍的意思。曹操之所以如此,有两点原因:一是袁绍那篇上千言的表章,多少触到了他的要害。二是此时此刻,他需要暂时稳住北面的袁绍,以便专力对付东、西两面的威胁。东面的威胁来自徐州的吕布,西面的威胁来自荆州的张绣。吕布正盯住曹操的老地盘兖州,而张绣则瞄着天子所在的新都城许县。曹操必须及时解决这两个实力较弱的对手,以便在不远的将来与袁绍决一雌雄。但是,袁绍现在不受自己的笼络,因为自己给的价码还不够高,怎么办呢?

经过一番冷静思考和认真权衡,曹操决定作一个大让步。此举证明曹操不愧为大政治家,懂得何时应当进攻,何时应当退却,而非知进不知退。换成袁绍,是绝对不会同意作出让步的。十一月二十五日丙戌,曹操上奏汉献帝,自请降职担任三公之末的司空,而把大将军的位置让给袁绍。当然,朝廷政事,仍由曹操一手控制,这用史籍的语言来描述,叫做"百官总己以听",用大白话来说,就是朝廷百官还是都听自己的。

袁绍得知曹操自请降职让贤的消息,心中真有说不出的痛快。位冠百僚的大将军,正是他朝思暮想的职位,而今由曹操乖乖地奉送上门,这是何等得意之事!于是,他在邺城静候朝廷正式诏书的下达。谁知一等两个月过去,转眼就到了第二年的正月,仍无朝廷使者前来。袁绍不禁勃然大怒,立即修书一封,严词质问曹操在搞什么名堂。

曹操在搞什么名堂呢?原来,他自请降职为司空后,即抓紧时间筹划进攻屯兵于荆州南阳郡穰县(今河南省邓州市)的张绣,准备在一两月内彻底消灭之。张绣兵马虽不多,却极其骁勇善战,其驻地穰县距许都不过五百里,对曹操后方的威胁很大。如果在一两月内消灭了张绣,曹操就不想把大将军的位置让出去了,可见英雄也有露俗之时。袁绍一直等不到任命诏书,即是因为曹操对张绣之战尚无结果。

建安二年(197)正月,曹操倾全力对张绣发动突然进攻,张绣措手不及,举兵投降。得意忘形的曹操,竟然把张绣的婶母纳为妾以自娱。张绣羞恨不已,立即举兵反叛,当场射伤曹操,杀死曹操长子曹昂,曹军大乱。待曹操狼狈逃回许都时,袁绍的质问书信也到了。

这一下曹操不能不兑现诺言。这年三月,汉献帝派遣的使者孔融,来到邺城,宣读诏命,拜袁绍为大将军,兼督冀、青、幽、并四州,并赐以显示威权的弓矢、斧钺、汉节和宫廷卫士一百人。至此,袁绍终于美梦成真。

心满意足的袁绍,根本没有想到曹操在这场大封赏中伏下一个深沉的计谋。从表面上看,袁绍既然身为大将军,那么由他来统一指挥冀、青、幽、并这河北四州的军事行动,亦即"兼督冀、青、幽、并四州",是十分自然十分合理的事。但是,当时袁绍实际上能控制的,却只有冀、青、并三州,至于幽州么,还在人家公孙瓒手里,而公孙瓒则是袁绍的死对头、生冤家。曹操明知这一切,却有意把幽州混在另三州之间让你去"兼督",这等于是在激袁绍:朝廷把幽州赏给你了,不知你这位堂堂的大将军,敢不敢从公孙瓒手中把幽州夺过来呢?袁绍为人极其自傲,受此一激,必定拼全力去夺取幽州。一旦袁绍和公孙瓒连兵不解,曹操就得到从容收拾张绣和吕布的机会了。

果不其然,袁绍就任大将军后,立即放过南面的曹操,把兵锋转

而指向北面的公孙瓒,演出了血洗易京这惊心动魄的一幕。这正是:

　　　　　孟德高明施小计,本初弱智战幽州。

要知道此番袁绍统领大军前往幽州,如何血洗公孙瓒的老巢易京,请看下文分解。

一二　血洗易京

四年前的东汉献帝初平四年(193)冬,公孙瓒举兵杀死幽州牧刘虞,独占幽州之地。此时,南面的袁绍会同刘虞的残部,频频对公孙瓒发起猛烈攻击,公孙瓒便想在自己的地盘内营建一处坚不可摧的军事据点,以之作为自己安身立命之所。那么据点最好在何处营建呢?迷信意识相当浓厚的公孙瓒,突然想起了近来民间传唱的一首童谣,其辞曰:

燕南垂,赵北际,中央不合大如砺,唯有此中可避世。

在当时,人们总认为民间天真无邪的儿童自发性传唱的儿歌,往往含有一种神秘的启示,或者就是一种政治预言。例如,在东汉少帝刘辩被宦官带出皇宫夜奔小平津之前,洛阳城中即有童谣曰:"侯非侯,王非王,千乘万骑走北芒。"事后有人才悟出:"侯非侯,王非王",即指皇帝;"千乘万骑走北芒",是指前一晚大队宦官带着皇帝由北芒山奔向小平津,而次日清晨百官又迎皇帝兄弟于北芒山麓。这岂非一种神秘的启示或政治预言么?公孙瓒是一个相当迷信的人,他对童谣的启示性更是笃信不疑。于是,他便以这首童谣所言为准,来寻找自己营建永久性军事据点的地方。

而今这首童谣说:在燕地的南边,赵地的北边,其间有一处边界未曾会合的地方;此地的大小如同一方磨刀石,但是唯有此地可以避开世间的危险。公孙瓒与幕僚们苦苦思索许久,最后认定这块宝地就是幽、冀二州边界上的易县(今河北省雄县西北)。

于是,公孙瓒把自己的常驻地,从幽州的州治蓟县(今北京市),南移二百里,改在易县。同时调集大批民夫,在易县构筑军事防御工程,他要想在此修一座比金城汤城还要坚不可摧的堡垒。

在冷兵器时代,人们修筑防御工事,通常都是采用立墙建城的方式,所以才有明代朱升"高筑墙,广积粮,缓称王"的经验总结。公孙瓒徙镇易县,照常规应当是对易县的旧有城池进行改造,加高城墙,浚深城河。但是他没有遵循这样的常规,而是独出心裁另搞了一套奇特的系统性设计。

公孙瓒在易县城西四五里处一片开阔平坦的原野上,选定了一块他所认为的风水宝地。首先,在外围修筑环形堑壕十重。其次,在各重堑壕之间的圆环形空地上,垒起一座又一座的高台,台高都在五六丈左右,约合今十二到十四米,相当于四到五层楼房的高度。最后,又在每座高台之上建造楼阁。这种建在各重堑壕之间的楼台有近千座,都是供公孙瓒的部属居住的。而在最里面一重堑壕中间的圆形地面上,则是公孙瓒本人居住的楼台。台高十丈,约合今二十四米,相当于八层楼房的高度。台上依然建造楼阁,以铁为门。公孙瓒与其姬妾居高楼之中,男子七岁以上者即不准入内。凡有文书处理,均用吊篮提上放下。公孙瓒又使侍女练习高声呼叫,每当自己要发布号令,即令此种高音侍女在楼上传宣。当这一整套由围堑和楼台组成的防御体系完成之后,公孙瓒与诸将即分居高楼之中,兵士则散布围堑之内,其中储备粮食三百万斛之多。公孙瓒颇为得意地对人们说道:"当初以为天下之事可以一挥而定,今日看来非我所能主宰，不如休兵养士，以待时变。兵法有云：'百楼不攻。'今我有楼千座，积谷三百万斛，袁本初其奈我何！食尽此谷之后，足以应付天下事了！"

古人称极高之高度为"京"。公孙瓒在易水北岸筑高楼千座，故而这一大片防御工事群也就被称作"易京"。在中国古代军事史上，易京之奇特设计，应大书一笔。可惜这座古代东方的"马其诺防线"，并未能挡住袁绍的进攻。

袁绍就任大将军之后，为了使自己兼督四州军事的名义符合事实，即不断调兵遣将北伐幽州。公孙瓒凭借易京，龟缩固守。由于袁绍投入的兵力不足，而且缺乏攻破敌军堑楼结合性防御体系的有效手段，所以在起初的一年激战中，袁军始终无法撕破易京防线。

冬去春来，又是一年芳草绿。建安三年（198）暮春时节，袁绍独坐在邺城大将军府邸的花园小阁之中，眼前虽是姹紫嫣红，心里却是异常的焦躁。北面进攻公孙瓒的战事，至今已逾一年却无大进展。南面对付曹操的外交行动，也没有取得预料的成功。原来，曹操移献帝于许都后，袁绍时不时要接到曹操以天子名义颁发的诏书。袁绍很感被动，到这时才真正认识到"挟天子以令诸侯"的好处，便想亡羊补牢一番。他派遣能言善辩之士，前往许都面见曹操，以许都地势低下潮湿而洛阳残破不堪为由，劝曹操把天子移到兖州济阴郡的鄄城（今山东省鄄城县北），说是鄄城物产富庶，城池完固，气候宜人等等。其实，打开历史地图即可明白，这鄄城在许都东北六百里，在邺城的东南三百里，距曹操远而距袁绍近，相差足有一倍。若移都鄄城，那么近水楼台先得月，袁绍也可分享"挟天子以令诸侯"的好处，而且比曹操更加近便。曹操听了说客之言，心想你袁本初大概以为我是傻瓜？当即断然拒绝。北面的军事，南面的外交，两处无成，你说袁绍怎么会有赏春的好兴致呢？

正愁闷间，忽有一位心腹谋士前来求见。袁绍命人领入后园，这位谋士我们已经熟悉，即是当初随同沮授劝说袁绍奉迎汉献帝的田丰。

田丰一入座，便向袁绍建议道："移都鄄城之计，曹操既然不遵从，则应及早出兵许都，奉迎天子，然后动辄以天子诏书号令海内，此计之上者。不然，终将被人擒制，届时虽悔无及！"

其实，袁绍心中也曾转过同样的念头，即从北面收回兵锋，突然袭取许县，把天子从曹操手中夺过来。但是，对他而言，主意一旦由他人口中先行说出，再高明的主意也都变得平淡无奇了。加之田丰为了加重分量，又说了"终将被人擒制，届时虽悔无及"的刺耳话语，更挫伤了袁绍那由极度自卑转化而来的极度自傲心态。于是，袁绍大摇其头，表示对田丰之言很不欣赏。田丰其人，性格耿直，说话直率。他总以为事主之道，须尽忠竭智，故而凡事必把利害剖析明白，直言无隐，也不管这些话语是否逆耳。可惜他恰恰碰到了一个外表宽容大度，而内心却非常狭隘的主子，所以每次献谋进计，都以碰壁而告终。田丰对袁绍的心态也很清楚，但他既不知难而缄口，更不另择佳木而栖身，反倒愈碰壁愈进忠言，后来竟因此招致杀身之祸。袁绍何以败在曹操手里，其原因由此也可见一端。

袁绍拒绝了田丰之计，放过曹操，继续进攻公孙瓒。这一攻，又攻了大半年。当年年底，天寒地冻，朔风卷雪，袁军受阻于易京之下，疲劳饥寒，痛苦不堪。但是在这大半年间，曹操在军事上却大有斩获。五月，他大败张绣于穰县；十二月，又擒杀吕布于徐州。袁绍给他的这段宝贵自由时间，曹操算是充分利用了。

消息传到邺城，袁绍内心深处不免有几分后悔。到了这时，他才决定从北方收回兵锋,以便专力对付南面的曹操。于是,他写了一封书信给公孙瓒,建议双方"释憾除嫌,敦我旧好"。如果你有心求和,那么这封书信的措辞就该委婉一点。然而在长约千言的信中,袁绍却以居高临下的口气,把对方以往的种种"过失"痛加数落一番,使得申好之书信,犹如讨伐之檄文。公孙瓒本是性格倔强之人,哪里会甘心受你的数落而又与你修好呢?当下公孙瓒即加强军事部署,摆出一副与袁绍决战到底的模样,作为对来信的回答。他还向首席幕僚关靖说道:"当今天下群雄逐鹿,有如猛虎相争,谁又能安然在我易京之下屯兵三年五载呢?袁本初呀袁本初,看你能把我怎么样!"

公孙瓒不肯释憾休兵,袁绍便面临三种选择:一是自己单方面撤军。但这一来就等于公开宣布:新任的大将军在用兵上实在无能。对此,袁绍万难接受。二是维持现状,继续对战。而连年战斗的结果,证明目前投入的兵力根本不能吞灭公孙,徒然耗费人力物力而已,所以这也不能采用。余下一种,即是成倍增加兵力,以求短期之内攻克易京,一举消灭公孙瓒势力。袁绍考虑再三,决心采用最后一种选择,冒险一搏。当年年底,他亲自率领数万援军,携带大批粮草军器,冒着漫天风雪奔赴易京驰援,开始了一场血与火的大决战。

投入兵力陡然增加到十万之众,粮食、衣物及武器又得到充足的补充,加之主帅又亲冒风雪至前线督战,所以袁军的士气迅速高涨起来。袁绍指挥部队,对易京的外围据点实行分割包围、渐次拔除的战术,收效显著。而公孙瓒安坐高楼之上,远远望见部下营垒被攻也不援救,他对此作出解释说:"如果出兵救援,则此后被围攻者仗恃将有援兵,必不肯力战,所以不能出兵解救!"

殊不知公孙瓒的这一办法,反而促使部下不肯出力死战。他们自度不能抗御敌军,又知道无论如何也盼不到救兵,便干脆举手投降，或者趁乱逃遁。易京的外围防线，迅速开始瓦解。

建安三年(198)岁暮，袁绍的大军清除了易京外围的据点，逼近最外面的第一重堑壕。公孙瓒在高楼顶端，望见四外都是袁军的旌旗飘舞，自己已处于重重包围之中，不免心中有些发慌。他连忙派遣儿子公孙续，持自己的亲笔书信，突围前往黑山军首领张燕处求救。同时，又准备放弃困守高楼的战略，实施新的猛虎掏心式方案，即集中全部铁甲骑兵，兼程南下，直取八百里外的袁绍老巢邺城。其实，此时此刻，这种放弃自家老窝而猛攻对方老窝的办法，是唯一能够起死还生之策。可惜的是，当公孙瓒正要下令集中兵马之际，首席幕僚关靖却站出来劝阻道："今将军部属，士气已散。其所以还能合力坚守者，不过是因为依恋其家庭老小才会聚于将军麾下而已。若再坚守一时，袁绍或可自退；若将军自出，群龙无首，易京之危，立待而至。失易京则失本根，将军孤悬于草野之上，还能成什么大事！"

天下之事，成败得失往往系于一念之间。本来下决心孤注一掷的公孙瓒，听了关靖之言，觉得也有道理，便把南下奔袭邺城的计划取消了。

公孙瓒错过了战机，袁绍却紧抓住机会不放。趁对方士气瓦解之际，袁绍挥军突破堑壕，开始进攻一座座屯兵的高楼。从地面仰攻高楼不利，袁军便发明一种全新的攻楼战术。他们以少数兵力在地面用高梯发起进攻，以牵制敌人，而大部分兵力则从现成的堑壕之中，挖掘地道，直通高楼之下。他们把高楼之下的地基逐渐挖空，而每挖出一块小空间，即用木柱把顶部的土层顶住。待到楼下的基础挖空大半时，即从地道中撤出全部人员，然后放火焚烧所有支撑顶部土层的木柱。此刻，袁军之中即鼓角齐鸣，惊天动地。不多时，木柱焚毁，顶部土层支持不住地面高楼的重量，猛然塌陷，地面的高楼随之倾倒在地。楼内的人员非死即伤,根本用不着袁军攻击就完全失去战斗能力。眼看着一座座高楼轰然倾颓,袁军将士兴奋异常,一面呐喊,一面更加起劲地挖掘地道。公孙瓒见势不好,连忙收聚外面高楼中的兵力,集中到最里面的三重堑壕之内,立营固守,等待外援。

建安四年(199)春天,黑山军头领张燕率军十万,在公孙续的向导下,分三路援救易京。在袁军的猛烈阻击之下,这三路救兵都被阻滞于易京之外,无法与包围圈内的公孙瓒会兵合势。眼看袁军逐步进逼,自己生命危在旦夕,公孙瓒急急草成书信一封,差遣几位敢死勇士突围而出,送给儿子公孙续。不想送信人中途被袁军活捉,这封密信也就送到袁绍的手中。袁绍展开一看,只见上面写道:

> 昔周末丧乱,僵尸蔽地,以意而推,犹为否也,不图今日亲当其锋!袁氏之攻,状若鬼神,梯冲舞吾楼上,鼓角鸣于地中,日穷月急,不遑起处。鸟伫归人,滱水陵高,汝当碎首于张燕,驰骤以告急。父子天性,不言而动。且厉五千铁骑于北隰之中,起火为应,吾当自内出,奋扬威武,决命于斯。不然,吾亡之后,天下虽广,不容汝足矣!

信中约定让公孙续援军放火为号,守军与援军内外呼应夹击,决一死战。袁绍阅毕不由得心中大喜。他想:你公孙瓒要给我来一个内外夹攻,那么我就给你来一个将计就计。于是,在约定的夜晚,袁绍便命人在所谓的"北隰",也就是易京北面的原野之上放起火来。公孙瓒望见远方火起,立即集中残余兵力,奋力向外突围。这一突,正好突入袁绍预先布置好的口袋阵埋伏圈中。

两军立刻在暗夜之中展开一场混战。刀剑相击声,兵士呐喊声,战马长嘶声,以及战鼓咚咚声,回荡在天地之间,令人振奋,也令人胆寒。袁军早有准备，自然占据上风，而公孙军猝不及防，顿时队形大乱。公孙瓒本人在其白马卫队的掩护下，走在全军的后面。一听见前锋部队的惊叫声，他就知道大事不好，立即命令卫队调转马头杀回易京。此时袁军已开始截断后路合围，一阵血战之后，公孙瓒终于率残部逃脱。这一战，公孙瓒全军元气几乎耗尽，他回到易京之后，只得收合余众，退守到自己所居住的圆形中心最高楼，也就是所谓的"中京"，拼死固守。

次日，袁军踏过铺满人马尸体的原野，如潮水一般涌至中京之下。他们一面用云梯登楼，一面挖掘地道，准备对易京第一高楼施用特殊的倾楼术。此时，袁绍立马于不远的一处高地之上，傲然望着这易京之战的最后一幕。他知道，自己已经稳操胜券了。

困守孤楼之上的公孙瓒，也知道此役必将以自己彻底失败而告终。他不愿被袁绍生擒活捉，更不愿意自己的姐妹妻女成为袁绍的战利品。于是，他命令侍从卫士，把自己的亲人家属全部用绳勒死，然后引火烧楼以自焚。高楼火起，他的侍卫不想与之同死，纷纷下楼逃命。早有那一心抢功的袁军兵士，一阵风似的奔上中京最高处，手起刀落，把公孙瓒的头颅砍了下来，向袁绍报捷去也。

不多时，公孙瓒的首级便送到袁绍面前。望着仇敌那血淋淋的头颅，他的心中便浮现出八年来自己与这位强敌反复鏖兵的往事，继而又想起当初自己从韩馥手里夺取冀州时，还依靠此人助以一臂之力，袁绍不禁生出一缕恻隐之心，想把公孙瓒的遗骸就地以礼安葬。但是，这一缕恻隐之心很快就消失了，他不能放过向天下人，特别是向劲敌曹操炫耀自己赫赫武功的机会。于是，他立即命人写了一封名为向汉献帝报捷，实际上是向曹操显示自己力量的表章，连同公孙瓒的头颅一起，派专使送往许都。

送走了公孙瓒的头颅，袁绍立即着手安排幽州的政务。幽州刺史之职，由袁绍次子袁熙出任，并配以一批干练的助手。幽州地跨塞外，缘边皆有少数族聚居。当时力量最为强盛的少数族，当数乌桓。乌桓族的首领蹋顿、难楼、苏仆延和乌延等，曾经帮助过公孙瓒。袁绍不咎既往，皆以天子名义封他们为单于，并赐以印绶及大量礼物，以安其心，从此乌桓便改弦更张，支持袁氏。

　　幽州局势大定，袁绍动身南下返回邺城。袁绍南归之日，正是曹操接到公孙瓒的头颅之时。用后来曹操自己回忆此事的话来说，当时他的心情是"自视忽然"，也就是自觉逊色若有所失之意。可见袁绍吞灭强敌公孙，使得曹操也产生了一种失落感。

　　曹操在上年十二月擒杀吕布于徐州之后，即有心趁袁绍大举进攻易京之际，举兵袭击其大本营邺城。他曾派遣使者向公孙瓒送去书信，说是朝廷将派兵援助，同时又调兵遣将，准备强渡黄河突入冀州。可惜他的行动略微迟缓了一点，曹军还未踏上冀州地界，公孙瓒的头颅倒先送到了许都，你说曹操怎么不感到"自视忽然"呢？

　　袁绍雄踞河北四州之地，虎视中原。于是，袁绍和曹操这两位逐鹿群雄之中实力最为强劲的人物，展开了一场确定此后历史发展格局和走向的大决战。这正是：

　　　　曹吞吕布舒心日，袁灭公孙得意时。

　　要知道灭了公孙的袁绍，与吞了吕布的曹操，在中原大地演出了一出什么样的双雄大决战，请看下文分解。

一三　兴师攻许

东汉献帝建安四年(199)仲夏五月前后,袁绍自幽州回到邺城。此次易京大捷,使他的头脑热得昏昏然。结果,在未曾对曹操采取军事行动之前,他竟然先做了一枕皇帝美梦。

袁绍刚刚回到邺城,就接到其异母弟袁术送来的一封书信。袁绍深感意外,因为他们兄弟反目已久,早已断绝了往来。他打开书信一看,只见上面写道:

> 禄去汉室久矣,天子提挈,政在家门。豪雄角逐,分割疆宇。此与周末七国分势无异,唯强者兼之耳。袁氏受命当王,符瑞炳然。今君拥有四州,人户百万,以强则莫与争大,以位则莫与比高。曹操虽欲扶衰拯弱,安能续绝命、救已灭乎？谨归天命,君其兴之！

信上的意思是说,汉家皇朝早就名存实亡,如今群雄割据,局面与战国七雄相争毫无二致,只有强者才能兼并天下。我们袁氏家族应当承受天命当帝王,各种吉祥征兆都显示得清清楚楚。现今尊兄拥有四州之地,人口上百万,实力最强,地位最高。曹操虽然有心扶助汉室,哪里能够挽救已经灭绝的命运啊？所以我谨将天命归于您,请您兴立新皇朝！看罢来信,袁绍胸中猛然激起一阵狂喜的心潮,以至于捧信的双手亦颤动起来。欲知袁绍何以如此兴奋,不能不把袁术此信的来由先作介绍。

当初袁绍发动关东州郡起兵讨伐董卓,袁术亦以后将军的身份在荆州的南阳郡(治所在今河南省南阳市)起兵响应。不过,由于南阳位于洛阳正南,与屯兵洛阳东面酸枣县、河内郡两处的联军,距离甚远,故而袁术实际上是孤军行动。其后,因袁绍出兵夺占袁术部将孙坚的防地,而袁术又不赞成袁绍立刘虞为帝的建议,两兄弟之间遂开始出现矛盾。袁术对起兵州郡大多附和袁绍深为不满,公开说是"群竖不吾从,而从吾家奴乎",又给公孙瓒去信,说袁绍没有资格当袁家儿子。袁绍得知袁术在揭他生母是女奴,身份微贱的老底,不禁恨之入骨,便会同曹操攻打袁术,打得袁术节节败逃,只好躲到扬州的淮南一带安身。

到了这步田地,袁术还想过皇帝瘾。而其部将孙坚又从洛阳得到了汉朝的传国玉玺,更刺激起他的勃勃野心。建安二年(197)春,袁术不顾部属的纷纷反对,在寿春(今安徽省寿县)城中称帝登基,建置百官,郊祀天地,修造宫殿,堂而皇之地当起天子来。可惜称帝不到两年,即因挥霍浪费和天旱岁荒,弄得仓库空乏,士卒离散,不能自立。无可奈何之中,袁术只好亲自写下上面这封书信,意思是要恭恭敬敬把皇帝的称号转送家兄袁绍。如果袁绍欣然受纳,袁术就将带上传国玉玺及家小,取道徐州和青州,前来投靠过去被他骂作"家奴"的兄长,了此残生。

骄傲之心正处于巅峰状态的袁绍,一听见有人要奉送皇帝称号和传国玉玺,岂有不兴奋之理?他立刻派出使者到青州,命令长子袁谭火速组织轻骑南下,去迎接叔父一行和传国玉玺来邺城。同时,又开始在邺城制造一点舆论,以便为称帝之事预作准备。

当时袁绍手下有一幕僚，姓耿名苞。此人说谋略无谋略，说干才无干才，唯靠阿谀奉承讨得主人欢心。用现今的话来说，纯是马屁精一个。他发觉袁绍自消灭公孙瓒后，对许都天子的常规进贡致敬突然中断，便猜到袁绍的内心，于是便不时用言语暗示主子要考虑非常大事。现今袁绍要造称帝的舆论，自然不能由自己出面而要由他人代言。这个代言人，袁绍马上就选定了早就在向自己示意的耿苞。

于是，在袁绍授意之下，耿苞很快写了一个书面报告，其中关键性的语句说道：

赤德衰尽，袁为黄胤，宜顺天意。

秦汉以来，人们相信一种称为"五德终始"的政治文化理论，这是以木、火、土、金、水五行相生之理，来附会解释王朝命运兴替的玩意儿。汉朝对应火德，而火之色赤，所以刘邦被称作"赤帝子"。火生土，则代汉而兴的王朝为土德。由于土之色黄，故而新王朝的建立者，应为对应黄德者的后裔。二袁兄弟的袁氏家族，据说是古代帝王虞舜的子孙，而虞舜正是以黄德或土德建立王朝者。明乎此，则耿苞之言就容易理解了，其意思就是说：汉朝的赤德衰尽，袁氏为黄德的后代，理当顺应天意，称帝建立新王朝。

耿苞的报告送上来后，袁绍马上交付大将军府的文武僚属传阅。而他本人则不动声色，看众人的反应如何。

袁绍之所以要先试探人心，这和当时的特殊社会背景有关。东汉光武帝以来，大力弘扬儒术，士大夫颇重名节，所谓"以仁心为己任，虽道远而弥厉"。特别是党锢名士出现后，情况更是如此。加之西汉末年王莽以权臣代汉称帝，最后弄得身败名裂，因此士大夫中对于忠心王室一项相当重视。你要当皇帝，总得有人拥戴才当得长久，这就不能不预先考虑人心的向背问题。袁术就不考虑人心能否承受，结果只当了两年皇帝就难以为继。其后曹操扫荡群雄统一北方，功业巍巍，却坚持学习周文王"三分天下有其二，犹服事殷"，把皇帝让给儿子曹丕去做，所顾忌的也正是人心，尤其是士大夫集团的舆论。老弟已经在这个问题上栽了跟斗，袁绍尽管骄傲自大，却也不敢孟浪行事，所以他要先放出试探性的气球，观察舆论的评价如何。

令袁绍暗吃一惊的是，尽管此事明显有自己介入的背景，阃府文武僚属依然一致表示反对。理由很简单，这样做违反了袁绍起兵匡扶汉室的初衷，将严重损害其清名令誉和宏图大业。人们还一致指责耿苞，以妖言妄语迷惑大将军，罪不容诛。袁绍很尴尬。就在这时，青州的袁谭派人前来禀报，说是曹操得知袁术要北上，当即遣军到徐州堵截，袁术北上不成，已转回淮南去了。皇帝的称号，传国的玉玺，两者既成泡影，那么这方面的舆论试探也就失去意义。于是，袁绍把牙一咬，命令推出耿苞斩首示众，以表明自己对汉室的忠诚。他的一枕皇帝美梦，至此方被惊醒。而枉死城的怨鬼中，又添了一个马屁精耿苞。

自己之所以当不成皇帝，就是因为许都还有一个傀儡天子在，所以袁绍杀了耿苞，掉头就想找汉献帝和曹操出气。他传令召集阃府僚属，宣布自己的决定：立即进行军事动员，准备大举进攻许都！

这一决定马上引发了激烈的争论，人们随之分为反对和赞成两派。反对派以沮授为首，以外还有田丰、崔琰等一批头脑冷静清晰的谋臣。沮授率先发言道："近年征讨公孙，出师数年，百姓疲敝，仓库空虚，赋役繁重，情况令人深感忧虑，所以近期之内不宜大举兴兵。为今之计，宜先遣使贡献天子，同时息民务农，蓄积力量。如果贡献不通，即可以曹操有意阻隔王路为由，起兵相向。而对曹氏用兵，亦不宜决成败于一战,而应采取疲敌之术。即以重兵屯驻大河(指黄河)北岸之黎阳(今河南省浚县东),对敌方腹心之地形成威胁态势。然后分遣精锐骑兵多股,不断骚扰其边境,令其顾此失彼,不得安息。待其疲敝已极,再以大军直捣其腹心,必可一举歼之!"

平心而论,沮授所说的乃是万全必胜之法。当时袁绍据有四州之地,而曹操还不到两州。袁绍处于河北,除南面的曹操外、东、北、西三面皆无严重外来威胁。而曹操处于中原四战之地,除北面的袁绍外,东面的刘备、南面的刘表和张绣,都是其敌对势力。因此,要是袁绍真的和曹操打起持久的疲劳战来,结果肯定对曹操不利。后来诸葛亮也是懂得弱者和强者不能打持久性疲劳战的道理,所以一再出兵北伐,邀敌决战。但是,袁绍手下的谋士中,不少人被前不久的易京大捷冲昏了头脑,认为也可以用速决战消灭曹操,其代表即是郭图和审配。当下二人便提出与沮授截然相反的看法,说道:"兵书有云:力量十倍于敌则围之,力量五倍于敌则攻之,力量与敌相当则可与之交战。今以明公之神武,统河朔之强众,伐曹氏易如反掌。今不及时攻取,令其坐大,此后即难以对付了!"

袁绍觉得郭图、审配之言很是受听,连连点头。沮授见了,连忙再度进言道:"古人亦有云:救乱诛暴,谓之义兵;恃众凭强,谓之骄兵;义兵无敌,骄兵必败。今曹操奉迎天子,安宫许都,我若举兵相向,即违大义。而且决定胜负之因素,也不单在力量对比之强弱。曹操法令严明,士卒精练,更非坐守受攻之公孙瓒可比。今弃万全必胜之策,而兴师出无名之兵,我私下里为您担心!"

不难看出,沮授是一位很有政治头脑的谋士,他并不单纯从军事角度考虑对曹战略,而是兼顾注意从政治角度考虑怎么做到师出有名。既然如上所言,当时的士大夫集团看重名节,那么这样的考虑就不无道理。但是，恰恰因为他考虑到了出师的有名与无名问题，袁绍反而不能接受他的建议，因为目空一切的袁绍，岂有自认师出无名的可能呢？郭图、审配马上从这一点上进行反驳道："武王以臣伐纣，未闻后世言其不义；则今日加兵于曹操，何谓之师出无名！明公今日将士精勇，斗志高昂，而不及早奠定大业，正是所谓'天与不取，反受其咎'。应当深思昔日越国何以称霸，吴国何以灭亡。监军之计，务求稳妥，可惜未能洞识机变啊！"

所谓"监军"，系指沮授。当时袁绍麾下兵马共分为上、中、下三军，而沮授以监军身份督察全军将领，实权颇大。郭图其人心胸狭隘，对沮授手握重权十分眼红。他之所以与沮授意见针锋相对，其间正含有个人不满的因素在内。这一场争论，最后以袁绍表示完全赞同郭图、审配的意见为结束。郭图借着胜势，在散会之后又独自密见袁绍，攻击诋毁沮授道："授监统内外，威震三军，若其羽翼丰满，何以制之？臣从主则昌，主从臣则亡，此《黄石公兵书》所言之大忌也。再者，授统众于外，则不宜内参机密。"

沮授本非袁绍旧部，而是韩馥让出冀州时，从韩馥手下转投袁绍的。郭图这一番谗言，进得恰到好处，弄得一向信任重用沮授的袁绍，也不禁疑神疑鬼起来。他暗自考虑，准备撤销监军一职而改设都督三人，每人督察一军，三都督由沮授、郭图、淳于琼三人担任，以分沮授之权。

建安四年（199）初秋，袁绍宣布分设三都督，同时下达了正式的军事动员令：征调精锐步兵十万，骑兵一万，军事物资多种，一俟备战工作完成，即大举南下进攻许都。顿时，巨大的战争机器又隆隆开动，邺城内外一片紧张气氛。

消息传到七百里外的许都，造成的紧张气氛就比邺城严重得多了。不要说平民百姓，就是久经沙场征战的曹军将领们也感到情况不妙，认为敌不过雄踞四州的袁本初。曹操自己心中也无取胜的把握，不过他仍然强自镇静，并且立即开始安定人心，他再三向部下分析形势道："我最了解袁绍之为人，其人志大而智小，色厉而胆薄，忌克而少威，兵多而分划不明，将骄而政令不一，土地虽广，粮食虽丰，正好作为献给我的厚礼！"

不过，他这一番演说，并不能完全扫除人们心头的疑惧。因为事实是近几年袁绍的势力迅速扩张，果如你所言他竟一无是处，那么他又怎么能兼并河北四州之地呢？所以就在曹操做了安定人心的演说后，曾经出使邺城授予袁绍大将军职位的孔融，就私下对人说道："袁本初地广兵强；田丰、许攸，智计之士也，为之谋；审配、逢纪，尽忠之臣也，任其事；颜良、文丑，勇冠三军，统其兵。恐怕难以克此强敌。"

在这种情况下，曹操认为有必要以实际行动表明他确实不怕袁绍。仲秋八月，秋高气爽之时，曹操亲率精兵北上，渡过黄河，在冀州魏郡的黎阳县境内登陆。这黎阳是冀州最南端的一个县，该县的南界即是滔滔黄河。从冀州通往中原，或从中原通往冀州，当时多取道黎阳。黎阳县城位于黄河北岸，北距邺城不过二百里。因此，黎阳既是冀州的水陆要津，又是邺城的南门锁钥。曹操抢在对方尚未动手之前，先打到对手家门口去耀武扬威一番，这就等于向部属及天下人宣布：敌人何惧袁本初哉！

当然，曹操也不敢在黎阳地界久留。他在黎阳停留数日后，即令随来的大将臧霸，领精兵数千，沿黄河直下，前往青州，防备袁绍的长子青州刺史袁谭从东方侧击自己。又令名将于禁，率领水军数千及战船数百艘，以黄河上的重要渡口延津（今河南省延津县北）为据点，往来巡游于黄河之上，构成防御袁绍正面进攻许都的第一道防线。分兵布置既毕,曹操立即返回许都。

曹操此行的收获不小。首先当然是稳定了军心。但是还有很重要的一点,那就是通过实地的勘察比较,选定了与袁军抗衡的主战场。这一中原双雄生死对决的主战场,即是名传后世的官渡(今河南省中牟县东北)。

当时的官渡,是司隶校尉部河南尹中牟县境内一处渡口。前面已经提及,东汉时全国的正式行政区,分为十三州部,每州置刺史或州牧一人。而首都洛阳所在的州,特称"司隶校尉部",其长官为司隶校尉。司隶校尉部,下辖七郡。其中首都洛阳所在的郡,又特称为"河南尹"。中牟县在河南尹的东部,县北十余里,有著名的鸿沟水,由西向东缓缓流过。鸿沟水曾名官渡水,而官渡就在这官渡水的北岸旁,因水而得名。

曹操选定官渡作为抗击袁军的主战场,一个最主要的原因,是此处的地理位置适中。官渡位于许都的正北三百里不到,而延津又在官渡的北面一百余里。如果在延津的于禁军,组成了第一道正面防线,那么曹军在官渡布置第二道重点防线,就是最佳选择。

曹操亲自跑到家门口来耀武扬威,袁绍岂能忍受?于是,他下令加快备战练兵的步伐,决心给气焰嚣张的曹操以毁灭性的打击。在大兵未动之时,他又派出特使,四处争取外援,结交盟友。曹操当然也不示弱,针对袁绍的外交攻势给以反击。双方在大打出手之前,先显露了一番纵横捭阖的外交好本事。这正是:

武打开场先序幕,外交手段看如何。

要知道袁绍与曹操究竟如何各自施展外交手腕,为正式开打争取有利形势,请看下文分解。

一四　纵横捭阖

前面说过，袁、曹两方当时所面临的周边形势大不相同。袁绍的东、北、西三面无忧，只需考虑如何向南进攻对手。而曹操则处于四战之地，除了北面的袁绍外，还要顾及其余三面是否有外来威胁。因此，袁、曹两方施展纵横捭阖手段的场所，即集中在曹操的西、南、东三面。具体说来，就是其西面的关中，南面的荆州和豫州汝南郡，以及东面的徐州。

关中，即今陕西省中部，是曹操最先下手争取的地区，而且获得完全的成功。当时的关中，简直就是一批骄兵悍将的练兵场。自凉州来的军阀马腾、韩遂等人，各拥强兵，彼此争斗，不服朝廷节制。得知袁绍与曹操即将一决雌雄，关中诸将莫不采取中立观望的态度，随时准备倒向胜利者，也随时准备扑向失败者，以便分食一杯肉羹。这种情况显然对曹操不利，因为关中就在曹操的侧翼，而距袁绍尚远。史称曹操当时"以关右为忧"，确是事实。为了安定争取关中的武装势力，曹操特别派遣一位名叫钟繇的干员，以侍中兼司隶校尉的身份，持节驻守于许都与关中之间的要地弘农县（今河南省灵宝市北），以督察关中诸军。为了使钟繇能有充分的权力应付突然变化，曹操专门授予钟繇"不拘科制"的特权，亦即可以不按常规办事的审批程序，自行先行处置一切。

钟繇一到弘农,就给马腾、韩遂等人一一送去书信,分析形势,晓以祸福。由于曹操拥有政治上的优势,所以在钟繇的刻意争取之下,关中诸将的立场开始倾向支持曹操,并且每人都派遣自己的亲生儿子一名,前往许都作为人质,以表服从汉室也就是曹氏的忠心。至此,关中的问题基本解决,曹操不仅消除了西顾之忧,而且还从关中得到稀缺的战马两千匹之多。所以他忍不住要写信赞扬钟繇说:"关中平定,朝廷无西顾之忧,足下之勋也。"

在争取关中的比赛上,袁绍一方的得分为零,而曹操得了满分。但是,在争取南面的荆州和豫州汝南郡的比赛上,双方各有胜负,可以说是平分秋色。

先说荆州。荆州境内当时主要有两支武装势力,一是驻屯在南郡襄阳县的荆州牧刘表,二是驻屯在南阳郡穰县的建忠将军张绣。就实力而言,刘表远比张绣为大。但就对曹操威胁的紧迫性而言,张绣又胜过刘表。这不仅因为张绣已经与曹操结下血仇,而且因为张的驻屯之地穰县距许都极近,若以轻骑奔袭,两个昼夜即可抵达。有鉴于此,袁绍便抢先下手,派人前往穰县拉拢张绣。

当时张绣手下有一位非常得力的首席谋臣,姓贾,名诩,字文和,乃凉州武威郡姑臧县(今甘肃省武威市)人氏。由于张绣出自武威郡的祖厉县(今甘肃省会宁县西北),与贾诩有大同乡之谊,而贾诩其人又确有谋略,故而张绣对贾诩是言必听,计必从,倚之靠之。袁绍知道贾诩是张绣的主心骨,故而在给张绣致函送礼的同时,也给贾诩送去一封情辞恳切的书信,以及一份厚礼。张绣有心与袁绍相结,故而设盛宴招待来使。殊不知酒宴一开始,坐在张绣身边作陪客的贾诩,便朗声先对使者说:"请贵使回去转达袁本初,我们不敢接受他的好意。他连亲兄弟(指袁术)都不能相容,还容得下我们将军这样的英雄么?"

几句话说得那位使者瞠目结舌,一双夹着山珍海味的筷子停在空中,半天送不进嘴去。张绣这位主人家也大感意外,连忙把贾诩拉到一边低声言道:"文和为何如此?如果得罪了袁本初,我们今后怎么办?"

贾诩立即说出早已打定的主意:"不如重新投奔曹公!"

张绣心存顾虑,问道:"袁强而曹弱,而我又与曹氏有仇,岂能再去投奔?"

贾诩微微一笑,颇为自信地答道:"曹公奉天子以令天下,此为宜从曹公原因之一。袁绍强盛,我们以不多的兵力追随他,他一定不会看重;而曹公力弱,得我们相助,自然无任欢迎,此为宜从曹公原因之二。凡有王霸之志者,必不长记私怨,如此方可表明大德于四海,此为宜从曹公原因之三。愿将军释虑勿疑!"

一席话说动了张绣,他立即逐走袁绍的使者,派人前往许都向曹操表示归顺之心。建安四年(199)十一月,也就是曹操从黎阳回到许都两个月后,张绣带领麾下数千精兵,从穰县来到许都,第二次投降曹操。在此大敌当前之际,曹操表现出了异常弘广的气度。他把杀子之仇抛在一边,也不计较当初自己的右臂曾中对方的利箭,慨然给予重新归顺的张绣以热烈欢迎。大宴之后,又与张绣结为儿女亲家,并提拔张绣为扬武将军。曹操这一番笼络手段,把张绣弄得感激涕零。袁、曹决战于官渡,张绣即拼力死战,立下大功,得以加官晋爵。不过,后来在曹操次子曹丕的严厉逼迫下,张绣仍然未得善终,这是题外的话。

袁绍未能争取到张绣,但却获得了刘表的口头支持。刘表算是袁绍的老盟友了。当初袁绍与公孙瓒两强相争,公孙瓒与袁术拉帮,袁绍便同刘表结伙。现今袁绍碰到新的对头,自然不会忽略这位老盟友,所以派出使者到襄阳致意,并请求提供军事上的具体援助,即出兵袭击曹操后方。刘表一口答应支持袁绍,但是对于出兵袭击曹操后方一事,却一直不肯付诸行动。刘表手下的文武僚属,有不少人力劝他归附曹操,刘表坚持不允。在这种情况下,刘表虽然口惠而实不至,对于袁绍而言也算是胜利了。

不过,荆州的州牧表示支持袁绍,并不说明荆州的全境都站在袁绍这一边。当时荆州下辖七郡。其中辖地全部或者大部在长江以北者,有南阳、南郡和江夏(治所分别在今河南省南阳市、湖北省荆州市荆州区、武汉市新洲区),此为荆北三郡。辖地全部在长江以南者,有长沙、桂阳、零陵和武陵(治所分别在今湖南省长沙市、郴州市、永州市、常德市),此为荆南四郡。荆北三郡是随同刘表支持袁绍的。而荆南四郡则在长沙太守张羡的带领下,公开宣布与刘表决裂,归附曹操。刘表大怒,立即出兵镇压,他的后院起火,自然无法出兵声援袁绍了。

荆州情况如上,袁、曹两家互有得分,但以曹方为优。下面再说豫州汝南郡的局面。

曹操大本营许都所在的颍川郡,位于豫州的西北部。其西南边界邻接荆州,东南边界毗连汝南。这汝南是豫州的第一大郡,有县城三十七座,东汉桓帝时有民户四十余万,人口二百余万。其所拥有的县城数和人口数,在全国十三州部的一百零五个郡中,赫然名列第二,仅次于荆州的南阳郡。汝南郡的地域面积,约占豫州的一半。因此,汝南的实力,比一个小州也差不了多少。除了地广人多之外,汝南和颍川两郡,又是东汉一朝最出人才的地区之一,名流辈出,长领风骚,以致有"汝、颍之士利如锥"的口碑流传。由于汝南地近许都,实力雄厚,影响巨大,所以袁绍在这里也下了很大的笼络争取的工夫。何以见得? 有以下事实为证。

汝南西部边界上有两个小县,即阳安(今河南省驻马店市)、朗陵(今河南省确山县南)。袁、曹对抗一开始,曹操为了防备刘表北攻许都,临时决定划出此二县,新成立一个阳安郡。按照东汉制度,凡是承担紧急军事任务的郡,都暂设都尉一人,以统领指挥本郡地方军队,任务完成即予撤销。阳安郡设立后,曹操委派一位名叫李通的将领来担任阳安郡的都尉。袁绍派人到汝南争取当地官将,也没有漏过在偏僻小郡担任都尉的李通。除了致函赠物外,袁绍还给李通带来一件特殊的礼品,这就是一方"征南将军"的印绶。

征南将军属于高级军职,按后来曹魏皇朝的九品官位区分法,列为第二品。而李通当时的军内职衔,不过是一介裨将军而已。裨将军在各类将军中属于最低一等,按后来的九品官位区分法只能列入第五品。袁绍把征南将军的印绶奉送给李通,名副其实是把李通提拔了整整三级,他也算真正看得起这位小小的阳安郡都尉了。

不料李通却不领袁绍的这份人情,执意要效忠曹操。他的家属部下流着眼泪劝说道:"今汝南诸城,皆随袁氏。我军孤危独守,灭亡就在眼前,愿将军早定大计!"

李通拔剑怒吼道:"曹公明哲,必定天下,我宁死不生二心!"

于是,李通下令处死袁绍的使者,并将征南将军的印绶呈交曹操。在争取阳安二县的支持上,袁绍虽然花了大本钱,却未能取得预期的效果。

但是,在汝南其余的三十五县中,袁绍又连连得分,取得了压倒对方的优势。连曹操的次子曹丕后来也承认:"昔日袁绍之难,自许、蔡以南,人怀异心。"所谓的"许、蔡以南",正是指许县、上蔡县

（分别在今河南省许昌市东、上蔡县西南）以南的汝南郡其他各县。不仅各县的政府官员纷纷支持袁绍，就连在汝南西部境内活动的黄巾军首领刘辟，也宣布追随袁绍攻打曹操。袁绍能在汝南掀起反曹旋风，道理很简单，袁氏是汝南的望族，汝南是袁氏的老窝。史称袁氏"门生宾客，布在诸县，拥兵拒守"，这盘根错节的雄厚地方实力，便是袁绍频频得分的根本原因。

比起西面的关中、南面的荆州和汝南郡来，东面徐州的情况变化，显得更富有戏剧性。而造成这种变化的当事者不是别人，即是后来当上蜀汉开国皇帝的刘备刘玄德。

此前的建安三年（198）十二月，曹操攻破徐州擒杀吕布后，随即任命车胄为新刺史，镇守徐州。如果没有发生后来的意外事件，徐州将一直属于曹操的势力范围。

但是，第二年的仲夏，刘备来到徐州，此处的局面突然大变。

刘备字玄德，乃幽州涿郡涿县（今河北省涿州市）人氏，史籍记载是西汉景帝之子刘胜之后裔。东汉灵帝末年黄巾军起，刘备响应官府号召，自己招兵买马组建军队，进攻黄巾，以功得任冀州中山郡安熹县（今河北省定州市东南）县尉，从此进入仕途。关东州郡起兵讨伐董卓以来，刘备曾先后投靠过公孙瓒、陶谦和吕布，后在吕布的攻逼下，他只得投靠曹操。不久，刘备帮助曹操擒杀吕布，晋升为左将军。曹操此时对他非常尊重优待，史称是"出则同舆，坐则同席"，还在饮宴之际称赞刘备说："今天下英雄，唯使君与操耳，袁本初之流，不足挂齿也！"

所谓"使君"，此处系指刘备。汉代的州刺史，本是作为皇帝的特使，到所在州去监察地方行政官员的不法行为的，所以当时人便尊称任刺史或州牧之人为使君。刘备初投曹操时，曹操高兴得马上任命他为豫州牧，故而曹操以使君呼之，由此可见其受优礼之一斑。

不过，刘备乃人中之杰，岂肯久寄他人篱下？他很快就加入了一个以车骑将军董承为首的秘密政治集团，积极策划暗杀曹操。由于担心泄密招祸，刘备又绞尽脑汁寻找脱身之法。正好当时袁术准备取道徐州去投奔袁绍，曹操决定派遣一员干将去徐州堵截。刘备立即主动请战，一俟曹操应允就马上离开许都东去。待到曹操后悔再派人去追回时，已经来不及了。

与刘备同行的还有一员名叫朱灵的勇将。两人各领麾下数千人马，昼夜兼程，很快就来到当时徐州刺史的治所下邳（今江苏省邳州市南）。二将抵达下邳不久，逃难的袁术就进入徐州。一顿迎头痛击之后，袁术又狼狈逃回淮南的老窝寿春（今安徽省寿县），当年六月即呕血而亡。

阻击任务完成。朱灵自率本部兵马回返许都，而刘备却借故留了下来。等到朱灵离开州界，刘备马上动手杀死刺史车胄，占领徐州，并且宣布反对曹操。徐州的下属郡县得知消息，纷纷倒戈脱离曹操，支持刘备。刘备的兵马陡然扩张到数万之众，气象之兴旺，与当初他四处寄人篱下时的可怜模样是相去有若天渊了。

徐州易主，气坏了曹操，乐坏了袁绍。因为刘备手下的重要幕僚孙乾，此时奉命来到邺城，主动要求与袁绍结盟修好，袁绍自然喜出望外。按理说，刘备也当属于袁绍的冤家对头。因为刘备早年曾与公孙瓒一同受学于经学大师卢植的门下，有同窗之谊。后来刘备投靠公孙瓒，曾为师兄出死力打过袁绍。正因为对袁作战有功，所以公孙瓒先后提拔刘备出任平原县（今山东省平原县南）的县令，以及平原国（治所就在平原县）的国相。按照汉代制度，凡是某一郡封给某位皇室亲王作为其封地时，此郡即改称为国，其郡太守也随之改称为国相。刘备出任青州平原国国相，等于是当平原郡的太守。汉代的郡太守属于高级官员之列，其地位仅次于三公和九卿。刘备得任此等显职，还是他出仕以来的第一回，所以就任以后更加卖力为师兄抵抗袁绍。后来刘备改投曹操，又曾为之认真阻截袁术。若非刘备在徐州断路，袁绍便可能得到朝思暮想的皇帝头衔和传国玉玺了。凡此种种，都是平素袁绍说起来就忍不住咬牙切齿的往事。但是，现今情况不同了，大敌在前，种种宿怨旧恨，都可以一笔勾销。此时此刻的袁绍，其胸襟气度突然表现得如沧海一般弘广，似乎与二次接纳张绣来降的曹操难分轩轾。他热情接待了刘备的特使孙乾，一口同意两家结盟修好，共抗曹操。为了表示诚意，袁绍又抽调麾下一支精锐的骑兵，随孙乾回返徐州，以帮助骑兵力量不足的刘备作战。至此，东方的徐州，便从曹操手里转到了袁绍阵营之中，袁绍得了满分。

以上所述，即是迄至建安四年（199）年底时，袁、曹双方施展纵横捭阖外交手段之后所形成的大格局。在许都的西面关中和西南面荆州，是曹操一方得势；而在许都的东面徐州和东南面汝南，则是袁绍一方占优。总的说来，双方旗鼓相当，难分伯仲。

不过，袁绍纵横捭阖的手段，不仅施展于许都的外围，而且还施展到了许都的城中。当时，他通过各种渠道，对许都的汉朝百官开展攻心战，甚至还对曹操军队中的将领进行分化瓦解。在这方面他所取得的成绩相当不错，许都官员和曹军将领中，都不断有人给他送来密信，表示忠心，呈献诚款。如果把这一点考虑进去，那么袁绍一方的得分，就超过了曹操。

为了打破这种旗鼓基本相当而略显逊色的外围大格局，建安五年（200）一开春，曹操便决定对东面徐州的刘备，施行一次快速的毁灭性打击。与此同时，又任命一位名叫满宠的得力干员，担任豫州汝南郡的太守,前往汝南清剿反曹武装势力。袁、曹两强的大决战,首先就从外围开始了。

曹操在积极行动,而袁绍却麻痹了。在曹操积极行动期间,袁绍并未仿效对方,及时在许都的西面和西南面施展招数。甚至对于曹操在东面和东南面的军事行动,也未能给以有力的反击。结果,东面的徐州重新落到了曹操手里,东南面汝南郡的反曹浪潮也基本上被满宠遏止,均衡的外围大格局被完全打破了。

当正月间曹操亲自领兵奔袭徐州之时,连曹军的将领也无不以为,袁绍会乘虚南下袭击自己的后方,纷纷劝阻曹操不要冒此大险。但是曹操却断然说道:"刘备乃人中豪杰,今日不击之,与袁绍决战时将有后患。袁绍志大而见事迟缓,必不会有所动作!"

此时,一位从袁绍麾下转投曹营的杰出谋士郭嘉,亦以自己对袁绍的深刻了解,力劝曹操东征刘备。曹操立即提精兵数万,风驰电掣一般杀往徐州。刘备猝不及防,一战大败,妻小被俘虏,大将关羽被活捉,他本人侥幸脱逃。曹操扫平徐州之后,马上回转许都。一去一回外加作战,总共费时还不到一个月。

曹操刚一出兵东征,足智多谋的田丰便向袁绍建计道:"与公争天下者,曹操也。今曹操东击刘备,双方一旦交兵,短期之内不能结束。若举兵袭其后方,必可一举成功。用兵之道,贵在见机,现今正是时候!"

此时的袁绍,忽然表现出父子情长英雄气短的情态。他以爱妾初生之婴儿患病,自己不能远行为由,拒绝了田丰的建议。把一个性情刚介的田丰,气得独自在议事厅外连连以手杖猛击地面,并且长叹:"唉,大事去矣!大事去矣!逢此千载难逢之机会,而以黄毛孺子之病错失之,岂不可惜可惜呀!"

婴儿患病不愿出兵，明明白白载于史书。但是，细细想来，这恐怕是一种借口而已。真正的原因，还是在于袁绍狭隘的胸襟和自傲的心态。自从田丰力劝袁绍奉迎天子，否则"终为人所擒，虽悔无益"之后，袁绍就对田丰的直言有一种下意识的厌恶。事实上，从那时起田丰的意见他再未采纳过，哪怕连他自己内心深处觉得是有道理的意见，也一概拒绝。成见是可怕的魔鬼，一旦钻入人的心中，就会使人丧失理智，何况还是袁绍这样的自高自大者。偷袭敌后一举成功，如此高明的主意由他人点破，袁绍已经不好接受，由讨厌的田丰口中挑明，就更不能指望他会允准了。英雄也有卑下的情操，这是一位先哲之言。

刘备从徐州逃出，经青州刺史袁谭的联络，辗转来到冀州，再度开始了他寄人篱下的政治生涯。袁绍得知刘备来归，亲自出邺城二百里外热情迎接，以示广揽天下英豪之诚意。但是，这对于已经失去平衡的外围大格局而言，已经没有什么补益了。这正是：

成见藏心伤理智，外交序幕逊曹操。

要知道接下来袁绍与曹操正式武力开打，还会不会逊色于曹操，请看下文分解。

一五　初战折将

东汉献帝建安五年（200）正月下旬，曹操得了徐州回到官渡，刘备失了徐州寄身邺城。这时，袁绍那个生命重于许都的小公子大概也病体康复，所以袁绍正式下达出动大军的命令，克日起程南下进攻许都。

命令下达之前，屡谏屡遭拒绝而屡遭拒绝屡谏的田丰，又拄着手杖去向袁绍进言。他含着眼泪痛切陈辞道："曹操既已击破刘备，回军官渡，则许都不再空虚。而且曹操善于用兵，变化无方，其兵力虽少，未可轻视。为今之计，应当采取持久战略。将军据崇山大河之固，拥四州之众，外结英雄，内劝农桑，训练战士，然后调集精兵猛将，分作奇兵乘虚骚扰曹操，救左则击其右，救右则击其左，使之疲于奔命，居民不得安然从事劳作。如此不出三年，我未疲劳而彼已困顿，即可坐取成功。今弃必胜之术而决成败于一战，假若发生意外，后悔无及也！"

不难看出，田丰所言，正是上文中沮授早已向袁绍进献的万安必胜之策。这两位袁绍手下最为优秀的谋士，都提出"缓搏"，亦即持久战法，可谓英雄所见略同。此二人说谋略有谋略，说忠诚有忠诚，可惜有一点小小不足，就是不太注意进言时的艺术或技巧。袁绍自视甚高，那么进言时便应考虑到其心理承受能力，明白说出该怎么办也就足矣,像曹操如何善于用兵、不如此则将后悔无及之类可能伤及袁绍自尊的话语均可不说。汉末人才辈出,而当时能够充分施展自己才略的谋臣,无不注意此点,即使在从善如流的"明主"手下效劳者亦然。诸如效忠刘备的诸葛亮,效忠曹操的荀彧、荀攸和郭嘉,效忠孙权的周瑜和鲁肃,他们在向主上进献奇谋良策之时,都极为注意在语言上尊重对方。他们总是用可以怎样、如此行事必定成功之类的正面鼓励性语句结束谈话,从来不用否则就将后悔不及之类的负面警告性措辞。荀彧和荀攸是曹操最为信任的谋臣,而曹操的多疑也非同一般。所以他们不单注意进计时的语言,而且注意进计时的方式。特别突出的是荀攸,凡要献策,除非不得已,都采取秘密谈话或上书的办法;而且所谈内容一概对外人包括自己的亲属保密,文字上书则要及时焚毁底稿。史书记载荀攸在曹操手下"常谋谟帏幄,时人及子弟莫知其所言"。这样做的目的,是要尽量淡化自己所起的作用,避免掩盖主上的英明伟大光辉。主上如果采取自己的计谋并获得成功,他们就可把全部功劳归于主上;如果主上不采取自己的计谋并惨遭失败,也不会在众人眼中显得主上的智商比自己低劣。因此,他们的计谋大多被采纳不说,他们自己亦一直能与曹操保持良好关系。可惜田丰与沮授就忽视了这一点。

  袁绍再次把田丰的痛切进谏当作耳边风。田丰也再一次陈述己见,而且态度更加强硬,语言更加激烈。袁绍不禁勃然大怒,便以大军临行而有意破坏士气为由,将田丰投入监狱囚禁起来。年高位尊的田丰身陷囹圄,其他谋臣战将也就噤若寒蝉。言论既已统一,袁绍传令:全军立刻开拔,南攻许都!

  与此同时,一篇气势充沛而辞彩华美的讨伐曹操檄文,也由特使们传送天下州郡。这篇檄文是魏晋散文中的名篇,由"建安七子"之

一的文章高手陈琳草成,要想了解当时声讨文告的高峰水准,不可不读,其辞曰:

> 盖闻明主图危以制变,忠臣虑难以立权。曩者强秦弱主,赵高执柄,专制朝命,威福由己,终有望夷之祸,污辱至今。及臻吕后,禄、产专政,擅断万机,决事省禁,下陵上替,海内寒心。于是绛侯、朱虚,典威奋怒,诛夷逆乱,尊立太宗,故能道化兴隆,光明显融,此则大臣立权之明表也。

此段引用前朝例证,说明当皇帝被强臣挟制而国运艰难时,其他大臣可以采取权变手段清除君侧。这是为自己出兵攻曹寻找历史根据。

> 司空曹操祖父腾,故中常侍,与左悺、徐璜,并作妖孽,饕餮放横,伤化虐民。父嵩,乞丐携养,因赃假位,舆金辇璧,输货权门,窃盗鼎司,倾覆重器。

下文要历数曹操这个当今强臣的罪状,此段先揭露其祖父为权阉,而其父亲以重金买官的丑恶老底。

> 操赘阉遗丑,本无令德,怀狡锋侠,好乱乐祸。幕府(袁绍自称)昔统鹰扬,扫夷凶逆。续遇董卓侵官暴国,于是提剑挥鼓,发命东夏。方收罗英雄,弃瑕录用,故遂与操参咨策略,谓其鹰犬之才,爪牙可任。至乃愚佻短虑,轻进易退,伤夷折衄,数丧师徒。幕府辄复分兵命锐,修完补辑,表行东郡太守、兖州刺史,被以虎文,授以偏师,奖蹙威柄,冀获秦师一克之报。而操遂乘资跋扈,肆行酷烈,割剥元元,残贤害善。故九江太守边让,英才俊逸,天下知名,以直言正色,论不阿谄,身首被枭悬之戮,妻孥受灰灭之咎。自是士林愤痛,民怨弥重,一夫奋臂,举州同声,故

躬破于徐方,地夺于吕布,彷徨东裔,蹈据无所。幕府惟强干弱枝之义,且不登叛人之党,故复援旌擐甲,席卷赴征,金鼓响震,布众破沮,拯其死亡之患,复其方伯之任。是则幕府无德于兖土之民,而有大造于操也。

此段开始声讨曹操,先说其遗传基因来自宦官的干儿,本质上就不是什么好东西。接着追述自从兴兵讨伐董卓以来,曹操在进攻董卓和出任兖州刺史时,如何愚蠢无能而又残暴专横,以致连栽跟头,而自己又是如何大度涵容,一再给以扶助。言外之意,对此忘恩负义无可救药之恶人,袁绍完全有权惩治他。

后会銮驾东返,群虏乱政。时冀州方有北鄙之警,匪遑离局。故使从事中郎徐勋就发遣操,使缮修郊庙,翼卫幼主。而便放志专行,胁迁省禁,卑侮王官,败法乱纪,坐召三台,专制朝政,爵赏由心,刑戮在口,所爱光五宗,所恶灭三族,群谈者蒙显诛,腹议者蒙隐戮,道路以目,百僚钳口,尚书记朝会,公卿充员品而已。

此段把曹操奉迎天子,说成是受自己指示行事,而他却完全控制朝权,任意胡作非为,完全就是罪该万死的大奸臣。

故太尉杨彪,历典三司,享国极位。操因睚眦,被以非罪,榜楚并兼,五毒俱至,触情放慝,不顾宪章。又议郎赵彦,忠谏直言,议有可纳,故圣朝含听,改容加锡。操欲迷夺时明,杜绝言路,擅收立杀,不俟报闻。又梁孝王,先帝母弟,坟陵尊显,松柏桑梓,犹宜恭肃,而操率将校吏士,亲临发掘,破棺裸尸,掠取金宝,至令圣朝流涕,士民伤怀。又署发丘中郎将、摸金校尉,所过堕突,无骸不露。身处三公之官,而行桀虏之态,殄国虐民,毒流人鬼。加其细政苛惨，科防互设，缯缴充蹊，坑井塞路，举手挂网罗，动足蹈机陷，是以兖、豫有无聊之民，帝都有吁嗟之怨。

此段揭露曹操移都许县后的种种"罪行"，囚杨彪、杀赵彦，发掘西汉梁孝王刘武之陵墓以盗取金宝，设置专门掘墓掠夺殉葬珍宝的官员，施行苛于猛虎之政以抽民脂膏。意谓如此五毒俱全、贪残无道之人，岂能让他再活在世上逞凶狂？

历观古今书籍，所载贪残虐烈无道之臣，于操为甚。幕府方诘外奸，未及整训，加以含覆，冀可弥缝。而操豺狼野心，潜苞祸谋，乃欲挠折栋梁，孤弱汉室，除灭中正，专为枭雄。往岁伐鼓北征，讨公孙瓒，强御桀逆，拒围一年。操因其未破，阴交书命，欲托助王师，以相掩袭，故引兵造河，方舟北济。会其行人发露，瓒亦枭夷，故使锋芒挫缩，厥图不果。屯据敖仓，阻河为固，乃欲以螳螂之斧，御隆车之隧。幕府奉汉威灵，折冲宇宙，长戟百万，胡骑千群，奋中黄、育、获之材，骋良弓劲弩之势，并州越太行，青州涉济、漯，大军泛黄河以角其前，荆州下宛、叶而掎其后，雷震虎步，并集虏庭，若举炎火以炳飞莲，覆沧海而沃膘炭，有何不消灭者哉？

此段说以前自己忙于讨伐公孙瓒，加之想宽大涵容，以观其后效，故而没有动手收拾曹操。不想此人反而气焰极度嚣张起来，现今决定动用无比强大的武力消灭他。

当今汉道陵遁，纲弛纪绝。操以精兵七百，围守宫阙，外称陪卫，内以拘执。惧其篡逆之祸，因斯而作。乃忠臣肝脑涂地之秋，烈士立功之会也，可不勖哉！

最后再次重申自己出兵攻许并非以臣伐君,相反,恰恰是要防止曹操这个十恶不赦的家伙趁机弑君篡位。这样一来,出师就名正言顺了。

昭告天下之后,袁绍的十万步兵及一万骑兵即离开邺城,向南进发。一时间,车辚辚,马萧萧,旌旗蔽日,尘埃四起。

二月初,马步三军抵达冀州的南大门黎阳城下。袁绍命令主力军团在此立营扎寨,然后派遣一支先头部队渡过黄河,突破曹军的第一道防线。

前面已经说过,曹军的第一道防线是沿着黄河布置的,其防御中心是在延津。在延津的东翼,有与延津呼应的河防重点白马县(今河南省滑县东)。白马在延津的东北一百里,正好与北岸的黎阳城隔河相对。而白马与黎阳之间的渡口,即是著名的白马津。

袁绍决定由前锋渡河先攻占白马,斩断延津的东翼。手段是强攻,兵种主要是步兵,指挥官则是袁绍麾下第一员骁将颜良。

决定刚一作出,沮授就来劝阻袁绍道:"颜将军虽然骁勇,但其气量狭小,不宜让他独当大任。"

袁绍自然又是听而不闻。其实沮授之言是有道理的,兵家讲究慎于初战,袁军前锋初攻白马之战绩如何,将影响到全军士气,确实不宜由一人单独当此重任。但是,真正严重的问题还不在此,而在于袁绍进攻白马的手段太单调了。颜良领数千精兵渡河,强攻坚城,而北岸的十万大军,便在原地呆呆隔着黄河观战,既不向西佯渡延津以分敌军之势,也不继续遣军渡河以助颜良攻城。似乎颜良一旦渡河,必定踏平白马。"覆沧海而沃熛炭",这是檄文中的文学夸饰之辞,袁绍却好像信以为真了。

驻守白马的是曹操任命的东郡太守刘延。刘延率属下两三千人马死守坚城,颜良始终不能得手。一晃两月过去,白马城头依然未能插上袁军战旗。袁绍无奈,只得派谋臣郭图、战将淳于琼,率后续部队渡河支援。

白马形势危急,总兵力只有三四万人的曹操,便先使用声东击西之计来解救刘延。他从官渡大模大样地北上延津,摆出要在延津渡过黄河直插敌后的姿态。待袁绍领军前来阻截之后,他却亲自率领一批猛将精兵,急驰百里偷袭颜良的侧背。曹军来到白马西南十余里时,袁军才有所察觉。颜良仓促分兵列阵,阻截来敌。不料列阵未毕,曹军的两员先锋已经飞马杀到。这两员先锋官是谁呢?说起他们的姓名,连河北名将颜良也暗中吃了一惊。

在曹操手下数以百计的异姓将领中,曾有五位最为出色的人物,陈寿《三国志》特地将他们的传记合在一卷,就是张辽、乐进、于禁、张郃和徐晃。张郃此时尚在袁绍麾下,不久将投奔曹操。刘备手下的将领中,也有五位最为出色的人物,陈寿《三国志》也特地将他们的传记合在一卷,即人所熟知的关羽、张飞、马超、黄忠和赵云。此番领兵如飞将军从天而降的两员曹军先锋,不是别人,正是曹操五虎上将之冠的张辽,再加上刘备五虎上将之冠的关羽。面对如此厉害的两员虎将之首,颜良就合该倒霉了。

关羽自被曹操俘获而与刘备分开之后,一直想重新回到刘备身边。而曹操却对他极尽优礼,任之为偏将军,企图使之永远为自己效劳。关羽有心立一大功酬报曹操厚意,然后即可问心无愧地离开。今天得到绝好机会,他岂能让张辽抢了功去?只见他催动胯下宝马,杀入敌阵,径奔颜良而来。正在部署阵势的颜良猝不及防,当时就被关羽刺死于马下。于是袁军大溃,白马之围随之缓解。

此时是初夏四月,河水开始上涨,舟楫渡河容易。曹操为了集中兵力,丢掉负担,决定放弃白马,把此处的军民和物资全部向南转移往官渡一带。河对岸的袁绍得知消息，立即命令主力军团由延津渡河，截击由白马向官渡转移的曹操。

在初战失利的情况下，立即全军推过黄河深入敌境，显然是轻率之举。所以沮授马上劝阻道："胜负变化，不可不详加考虑。现今主力仍宜留驻延津，而遣偏师袭击官渡。假如得胜，还迎大军为时未晚。如果举军南下，万一失利，即有全军覆没之危险。"

袁绍此时的心态，恰似一个腰缠巨资而又输了第一盘的狂热赌徒。他急于赢回第二局，而且也自认为有强大实力，不难挽回局面。所以他毫不以沮授之言为然。沮授站在延津渡口，看着一船又一船的战士被送往茫茫南岸，不禁慨然长叹道："上级志气骄盈，下级贪立功勋，滔滔黄河，我们恐怕是回不来了！"

他到了这时，才觉得"良禽择木而栖，良臣择主而仕"的话确实是至理名言。于是他以身患疾病为由，请求辞职告退。袁绍大为不满，立即下令削夺沮授的兵权，其部众改由郭图统领，而且还不准沮授离开，非要他奉陪自己把仗打完不可。

袁绍挥军渡河，于是在延津南岸依傍浅山立营，并在周围构筑壁垒。立营完毕，他自率主力在大营镇守，然后派遣麾下第二员骁将文丑，以及前来投奔的刘备，带领六千骑兵往南，截击从白马方向过来的曹操。

此时的曹操，正好行至袁军大营以南不远一座浅山的南坡之下。听说袁军铁骑已向自己袭来，他便命令麾下六百骑兵下马休息，静候战机。同时，又令步兵护送运载白马粮草物资的车队启程上路，准备以此作为打乱敌军骑兵队形的诱饵。

文丑和刘备指挥的骑兵，一登上那座浅山的山顶，便看到曹军那上千辎重车辆，在南面的坡下缓缓前行。一心抢掠战利品的骑兵们，此时也顾不得保持战斗队形,乱纷纷地驱马下坡,直奔车辆而去。藏在隐蔽之处的曹操,见时机已到,立即命令骑兵跨上战马,从侧背冲向敌军。

袁军又是猝不及防,很快就被人数远少于自己的敌军杀得七零八落。激战之中,袁军指挥官文丑当场阵亡。刘备见势不好,只得收合余众返回大营。

两战两败,连折名将,袁绍将士受到极大的震动。虽然这只是两次前哨战,并未根本改变袁强曹弱的基本态势,但是就极为重要的士气而言,袁军已自衰了。

曹操得胜之后,随即又将延津一带的兵力全部收缩到官渡。曹操每胜一次,即往后收缩兵力一步。其意图相当明显,就是要诱敌深入,把敌方的后勤补给线尽可能拉长,以便寻找战机破敌,同时也使自己的力量更为集中。

按照敌方的意图和步调用兵,必是愚不可及的傻瓜。因此,袁军这时的策略,应当持重不动,抓紧时机进行休整之后再作打算。沮授忍不住又向袁绍进言道:"我军人多而勇猛不及对方,对方地狭而粮草储备不及我军,故而对方希望急战,我军应当缓搏。最好持久作战,拖垮对方。"

对于"缓搏"、"持重"之类的言论,袁绍简直已经听厌烦了。他现在一心想做的事,就是掷下一笔更大的赌注,把前两局的损失,包括丢掉的面子,统统捞回来。于是,他下令全军开拔,跟随曹军退缩路线南进,一直逼近到官渡北面三十里处的阳武县(今河南省原阳县东南)才稍作停顿。八月,袁绍以连接各营一齐向前平行推进的办法,逐渐向官渡曹军的大本营逼近。每向前平行推进一段,他们即依傍鸿沟水冲积成的沙丘,构筑防御工事。待立足稳定,复又向前平行推进一段。推进时,东西两翼绵延数十里的营寨相互呼应,配合协调。很显然,经过两场败仗后,袁绍虽然拒不接受"缓搏"的大战略方针,但在具体的战术上,已经变得比较谨慎,不再采用孤军深入的冒险战法了。

与此同时,他又派遣刘备绕到许都南面的汝南、颍川两郡一带,骚扰曹操后方。这实际上是在亡羊补牢,采用田丰此前进献的敌后骚扰战术。曹操立即派遣大将曹仁还击,刘备立足不住,便又撤回到官渡。此时,两军最后决战在即,刘备有心远距离傍观,加之关羽又伺机从曹营逃出,复归刘备,故而刘备便自请南至荆州,劝说刘表出兵支持袁绍。袁绍马上应允,刘备便立马率家属部将离开官渡,南往荆州投靠刘表而去。他这一去,才得以逃脱与袁绍同归于尽的厄运,也才得以同诸葛孔明相遇,共创鼎立三分的大事业。

刘备刚一离开官渡这危险之地,袁、曹两军的大决战即告开始。这正是:

刘备抽身离险地,任他官渡起风雷。

要知道袁绍与曹操在官渡的生死大决战,究竟谁能成为最后的赢家,请看下文分解。

一六 官渡鏖兵

袁绍以东西连营并进之法逼近官渡,阵形宏大,气势汹汹,迫使曹操出兵应战。在两军主力直接面对贴身近战的情况下,兵力比对方多出一倍有余的袁绍,自然要占据许多优势。因此,这一战的结果,是袁军获胜而曹军失利。

曹操知道这种贴近较力的战法于己不利,下令赶忙收兵还营,然后凭借早已筑起的坚固壁垒,固守不出,等待有利的战机。

时逢九月,序属三秋。潦水尽而寒潭清,烟光凝而暮山紫。逐鹿中原的英雄豪杰,无心欣赏自然界的美妙风光,一心要在血和火中寻觅最大的乐趣和刺激。袁绍见曹军坚壁固守,心想你这一套防御系统,难道还有公孙瓒的易京坚固么?易京尚且被我夷为平地,何况你这低矮薄弱的壁垒!由于有高峻的易京做比较,袁绍对曹营防御工事的第一印象即是"低矮薄弱"。因此,他决定先从敌方壁垒的上空施加攻击。

于是,袁军迫近曹营,筑起一座座土山,在山顶用木板围成箭楼,然后用强弩在上发射箭雨。这一着果然厉害,当即射中不少敌人,弄得曹营兵将在军中往来,都只能头顶盾牌。曹操很感被动,连忙集中军内能工巧匠,赶制出一种霹雳车来。所谓"霹雳车",乃是一种能够抛射石块的移动性机械,因其抛射出的石块有如霹雳从天而降,故名。中国制造发石之车,已有悠久的历史。据一本作者托名范蠡的兵法书记载,早在三国以前,即有一种威力巨大的发石车,可以把十二斤左右的石块,抛射出三百步的距离。这种发石之车,又称为"砲车"。炮弹之"炮"字,之所以最初的写法是带"石"字偏旁的"砲",即是因为最早的炮弹就是石头。曹军的霹雳车一投入使用,从天而降的巨石即把袁军的箭楼一一打得粉碎。至此,袁绍由空中杀伤敌人的手段基本上宣告失效。

空中受阻,不妨改从地下进攻,反正施行地道战己方很有经验。于是袁绍下令从多处挖掘地道,从其壁垒的下面通向曹营。不料这一手却是劳而无功,原来曹操察觉对方意图之后,便先在自己的营内挖掘更深的深沟。袁军的地道一在深沟的外侧露头,马上遭到曹军自上而下的猛烈打击。所以袁军挖掘的地道虽多,能够通过地道杀入曹营的将士却寥寥无几。袁军所擅长的地道战,在官渡也不灵了。

如是相持将近一月,曹操一方最先出现力量衰竭的感觉,因为他面临着三大日益严重的困难。

首先是将士疲乏。自从奔袭徐州的刘备开始,激战白马,再战延津,最后退守官渡,一边打仗,一边还要修壁垒,挖深沟,曹军的将士大半年来无片刻的休养生息机会,无不疲劳之极。曹军的兵力,原本就比对方要少,加之袁军逼近官渡以来,曹军伤亡不断增加,其比例已接近百分之二三十,这就使得余下百分之七八十的官兵任务更加繁重。人的承受能力总是有限度的,而曹军将士已经接近疲劳的极限。就连曹操本人,也有身心交疲之感,遑论其他。

再就是民心不稳。曹操所统治的地盘和人口,还不到袁绍的一半。这就意味着,在曹操治下的老百姓,为了支持同一场战争,不得不承担双倍以上的租赋和徭役。老百姓走投无路时是要变心的,哪怕你是什么"清平之奸贼,乱世之英雄"也挡不住。由于不堪重负,曹操治下的百姓不断逃亡,前去投奔袁军。民心浮动,势必影响军心,曹操对此深感忧虑。

但是,真正最紧迫的问题,还是粮食的匮乏。当时曹军所需的粮食,主要来自许都一带的屯田区。建安元年(196)曹操迎汉献帝到许县,当年即在许县一带招募百姓屯田,成效非常显著。但是,由于许都屯田之兴办,迄今不过四个整年,加之近年来"许、蔡以南,人怀异心",屯田之事不能不受影响,故而许都所积粮食,并不是极为丰富。而近数年中,曹操南攻张绣,东攻吕布和刘备,最后又与袁绍较量,征伐不断,军粮的消耗量相当巨大。这样一来,许都的存粮更不可能有很多。许都虽有一定数量的粮食,往北运至三百里外的官渡亦非易事。此时,袁绍不仅在官渡起土山,挖地道,猛攻曹操大营,而且接连派遣精锐骑兵,绕至官渡与许都之间,阻截曹军的粮道。负责曹军粮运的典农中郎将任峻,最后只得采取一种特别的运粮队形,以防敌人的袭击。任峻把每一千辆粮车组成一个大队,行进时分为十行,每行一百辆车,十行队伍并肩向前,两侧及前后皆由武装人员护卫。这样,在受到敌人进攻时,容易收缩反击而且受到的损失较小。不过,十行并进时必需左右照顾,行进速度又大为降低。凡此种种,均使曹军大营中的粮食储备日渐减少。迄至十月为止,曹军的存粮已经只能再支持一个月。一旦数万大军无饭可吃,不难想见那将会是怎样的可怕情景和结果。

上述三大困难,压得雄才大略的曹操也产生了动摇心理。他写信给留守许都的首席谋臣荀彧,说是准备撤军退回许都。荀彧深知,在此时此刻撤退,很可能导致全线崩溃的结果,所以他立即回信劝阻曹操道:"现今我军粮食虽少,总不会比昔日楚、汉在荥阳、成皋一带相持时的情况恶劣。当时刘、项双方均不肯先退,就是因为先退者必定失势。明公以弱敌强,扼袁氏之喉,使之不得前进,迄今已达半年之久。若再坚持,情况必有变化,此乃得失天下之关键性大机会,万万不可放弃!"

曹操豁然醒悟,便重新下定决心,在官渡与袁绍周旋到底。曹操终于在这紧要关头战胜了自我,那么袁绍的情况又如何呢?

此时的袁绍,依然未能克服从开战以来一直表现出的骄傲和固执。结果,在指挥上接连发生两次重大失误,让胜利的机会白白在自己手中悄悄溜掉了。

初冬十月,从冀州方向运来了上万车军粮。车队一过黄河,袁绍即派遣大将淳于琼率精兵万余人前去迎接。此时沮授又一次进言道:"还应派遣蒋奇将军,另率数千人马在粮队的外围不断巡逻,以防曹军突然袭击。"

如果说沮授此前的进言,袁绍都可以置之不理而未立即产生严重后果的话,那么这一次就不同了。事实上,袁绍和曹操此时的对峙,乃是一场比赛。比赛什么呢?比赛两种东西:在物质方面是比谁的粮食充足,在精神方面是比谁的意志坚强。粮食在现在已成为决定胜负的关键。袁绍本人对这一点也是很清楚的,所以他才不断派出骑兵去阻截敌军的许都粮道。而他对自己的粮运本应给予更大的重视,因为就在半个月前,他从冀州调运来的数千车粮食,一过黄河就被曹操派出的突击队拦截,全部焚毁,损失惨重。当时他也派了一员名叫韩荀的勇将,率领数千精兵沿途护送。但是,粮车的目标毕竟太大,数千辆粮车由数千人护送,平均每辆车才一人,敌军是很容易接近的。一旦接近,遭受焚毁即难以避免。有鉴于此,而今沮授才提出上述建议来。淳于琼率万余人护卫上万辆粮车,仍然是每车一卒的比例。因此，有必要另遣一支人马，把来犯的敌军拒之于远距离外，不使他们有靠近粮队的机会。即使有少数敌军突破阻截靠近粮队，淳于琼那万把人也很容易收拾他们，不会对粮队构成什么大威胁。可见沮授所言，乃是一种精心考虑的双保险办法，不失为万全之策。

此时，曹军的粮食储备只能勉强支撑一个月。假如袁绍采取了沮授之策，把这上万车军粮安全运到了官渡，那么袁军即可取得不战而胜之绝对优势。但是，假如这一大批军粮送不到官渡的话，那么握有不战而胜之优势者就不是袁绍，而是其对手曹操了。

在此决定生死的紧要关头，袁绍依然未能战胜自我和超越自我。他又一次拒绝了沮授的进言。

拒绝沮授的进言还可以用成见来解释，而拒绝许攸的献计，则纯然是一种罕见畸形的固执和骄傲心态在作怪了。上文已经说过，许攸是袁绍的旧交。十七年前袁绍移居洛阳，开始仿效孟尝君疏财养客起，许攸即同袁绍结为"奔走之友"。其后，许攸又追随袁绍于河北，成为其麾下主要智囊人物之一。对于这样一位有长期交谊的朋友兼臣僚，袁绍是不是表现得正常一点呢？否！他依然是那般固执和骄傲。就在淳于琼奉命率军前去迎接粮队之后，许攸来见袁绍，进献了一条妙计，他说："曹操兵少而以全力抗拒我军，则许都留守之军必定薄弱。如果分遣一支精锐骑兵，昼夜兼行，偷袭许都，那么不费大力即可攻克此城，然后奉天子以讨曹操，曹操必成阶下之囚。即使一时未能攻克许都，亦可使之首尾难顾，破曹取胜，立能实现！"

许攸很冷静，他把眼光越过集聚了将近二十万众的官渡，瞄向敌方的腹心要害之地许都。当然，曾经对许都感兴趣者还不止他一位。六个月前，正当袁军渡河猛攻白马之际，就有一位局外人想出兵偷袭许都。这位善于捕捉机会者不是他人,即是"威震江东"的小霸王孙策。

孙策字伯符,乃扬州吴郡富春县(今浙江省富阳市)人氏。其父孙坚,字文台,曾在袁术手下效命,是讨伐董卓联军中最先攻入洛阳的名将,后来在为袁术进攻刘表时,被暗箭射中而阵亡。孙坚死,其十七岁的长字孙策即继统余众。东汉献帝兴平二年(195),二十一岁的孙策南渡长江,开始在扬州的江南部分谋求发展。数年之间,他先后攻占了江南的丹杨、吴、会稽、豫章和庐陵(治所分别在今安徽省宣城市、江苏省苏州市、浙江省绍兴市、江西省吉水县东北)五郡,以及江北的庐江郡(治所在今安徽省潜山县),控制了扬州的大部分地域。建安五年(200)四月,孙策悄悄动员兵马,准备对许都进行闪电式攻击。就在行动快要付诸实施之际,孙策却在一次行猎中,突然被仇家的暗箭射伤,不治身死。

孙策之骁勇善战,比其父孙坚有过之而无不及。孙坚犹能打进比许都距离更远,防御更坚的洛阳,孙策岂有攻不下许都之理?果真如此,那么官渡之战必将以袁绍大胜而结束,此后的天下将很难有曹操容身之地。然而历史格局的变化,往往受制于某些偶然之因素。孙策此时偏偏要去打猎,身手矫捷勇猛的他,又偏偏被那枝利箭射中了面门。袁绍称霸天下的希望,冥冥之中即被无形之手一笔勾销了。

如果说孙策的命运非袁绍所可左右,那么袁绍本人的命运,就完全在他自己的掌握之中。孙策未能进攻许都,你袁绍可以自己去干,何必要他人相劝呢?何况许攸还特别点醒了这着妙棋!但是,对于许攸的建议,袁绍的答复只有一句话,他恨恨然说:"我就是先要在这里捉住曹操!"

原来,袁绍早已下令,要全军将士每人随身携带三尺短绳一根,一旦抓住曹操，就拿绳索绑了双手来见。他以为曹操已经成了笼中鸟、钩上鱼，只消再一伸手就可生擒活捉。既然只消再一伸手即可成功，他岂肯又到许都去开辟第二战场呢？

一句话把兴冲冲的许攸顶得灰心丧气。恰好这时他又得到了一个坏消息，说是其家属在邺城因犯法被收审。许攸觉得在袁绍手下效劳已再无必要，于是把心一横，找了一个机会便投了曹操。

曹操听说许攸前来投靠，高兴得连鞋都顾不及穿就出帐迎接。许攸初来乍到，便给光着脚板的新主公献了一份"厚礼"，他向曹操进计道："今袁氏有上万车军粮，已经运到官渡以北四十里处的乌巢（在今河南省原阳县南）一带，而且守军防备不严。如果以轻兵袭击，一炬而焚之，则不出三月，袁氏自败！"

这般重要的情报和计谋，得来全不费功夫，曹操愁云尽扫，笑逐颜开，立即着手布置一切。为了确保成功，他决定置官渡大营于次要地位，自己亲自出马指挥放火烧粮。

先是在护粮兵力的配备上发生失误，接着又在第二战场的开辟上发生失误，二者中任何一次不发生，袁绍都有取胜的希望。而两大失误接踵出现，袁绍就只有大败一途可走了。

当天深夜，曹操留下曹洪、荀攸二人看守大营，亲自点起五千精兵，打起袁军的旗号，直奔四十里外的乌巢。一到乌巢，曹军便四处放起火来。袁军在睡梦中惊醒，也不知敌方来了多少人马，纷纷跳出营帐逃奔，秩序大乱。好在不久天边出现曙光，袁军主将淳于琼望见来敌人数不多，便收聚部下将士，一边救火，一边抵抗。曹操这时也了解到昨晚只焚烧了敌军少部分粮车，决定继续猛攻，以扩大战果。

早有快马将曹操亲自出攻乌巢的消息，报到了官渡袁绍的大营。救，还是不救？袁绍思忖片刻，认为此时曹军官渡大营空虚，正好直捣黄龙。于是命令麾下骁将高览、张郃,率领大营主力军团,立即猛攻敌阵。他对身边的长子袁谭说道:"即使曹操攻破乌巢,而我拔其大营,他亦无处可归了!"

平心而论,袁绍这种还击对方要害的还击手段还是可行的。但是,问题的关键在于能否在曹操攻破乌巢之前,抢先拿下对方的大本营。如果先于曹操得手,自然可操胜算;相反,如果曹操先行得手的话,军心势必浮动,那么要想拿下对方的大营就难了。

受命进攻曹军大营的张郃,字俊乂,乃冀州河间国鄚县(今河北省任丘市北)人氏,后来曹魏异姓五虎上将之一。此人是一员智勇兼备的将领,他正担心不能先于曹操得手,所以马上向袁绍请求道:"曹操自率精兵前往乌巢,必能攻破淳于琼等。琼等先破,则大事去矣,郃请先往乌巢救援。"

袁绍尚未答话,那位成事不足败事有余的谋士郭图,便抢先反驳张郃道:"张郃之言非上策。为今之计,当急攻其大营,则曹操必还,乌巢之急可不救自解。"

张郃只好点出问题的关键道:"曹军大营极为坚固,攻之难以马上得手。如果乌巢先破,我们都将成为对方的俘虏了!"

统兵大将持不同意见,袁绍不能不加以考虑。但是,他仍然命张、高二将率主力军团急攻曹军大营,而只以少量轻骑兵驰援乌巢。这样,他便失去了最后一次可能破敌取胜的机会。

曹操得知袁军急攻本营,又发觉敌骑来援,立即意识到能否抢先攻破乌巢,乃是生死存亡所系,便亲执桴鼓,督促麾下将士拼力死战,同时命令观察敌军骑兵前进情况的侍从道:"敌骑来到身背后时,才准向我报告!"

兵家有云:置之死地而后生。曹军五千健儿见自己陷入腹背受敌的境地，统帅又率先垂范，无不以一当十，奋勇争先。袁军抵挡不住，终于全线崩溃。袁军主将淳于琼，以及将军眭元进、韩莒子、吕威璜、赵叡等人，全部阵亡。袁军所有粮食及其他军事物资，全部被焚烧干净。曹操得手之后，迅速回军官渡，并把从上千俘虏身上割下的成串鼻子向袁军展示，袁军士气顿时一落千丈。

听到众人对未能大力援救乌巢一事议论纷纷，郭图又羞又恼，竟然在袁绍面前进谗言说：“张郃在乌巢失利后大为高兴，并对主公有不逊之言。”

袁绍信以为真，大为震怒。正在前线奋战的张郃很快得知消息，又是气愤又是担心。气愤的是自己信而见疑，忠而受谤；担心的是袁绍将会对自己下毒手，宝贵生命可能作无价值之牺牲。罢罢罢，良禽择木而栖，良臣择主而仕，我何不仿效许攸前去投奔曹公呢？张郃打定主意，便和知心同僚高览密商。那高览也认识到袁绍大败就在眼前，不愿与之同受灾祸，所以非常赞成老友改换门庭的主意。当下张郃与高览下令，焚烧进攻曹营所用的云梯之类器具，然后率领本部亲信部属前往曹营投降。

这一突然的变故，在袁军当中引起极大的惊扰和混乱。曹军抓住时机进行反击，袁军终于彻底崩溃，数以十万计的人马，在广阔的鸿沟水平原上四散奔逃。

袁绍及其长子袁谭等，在帐下八百铁骑近卫兵护卫下，夺路向北疾驰百余里，当天渡过黄河，算是逃脱了性命。而官渡大营中的大批军事物资、图书档册、金银珍宝等，则全部成为曹军的战利品。袁绍的十万军队，被曹军俘虏七八千人，其余除死伤者外，大部分乘乱逃散。这七八千俘虏，因有造反迹象，故而全部被曹操下令杀死，鸿沟水上，一片鲜血流红。

踌躇满志的曹操，开始上书向汉献帝报捷。按照当时的规矩，凡将帅出征，报捷文书均是"以一报十"。意谓斩首一，上报十；斩首十，上报百；斩首百，上报千，一律扩大十倍，以昭武功之赫赫。所以曹操的报捷文书这样写道：

绍宗族累世受国重恩，而凶逆无道，乃至于此。辄勒兵马，与战官渡。乘圣朝之威，得斩绍大将淳于琼等八人首，遂大破溃。绍与子谭轻身进走。凡斩首七万余级，辎重财物巨亿。

但是，后世不少讲说三国者，不懂得当时"以一报十"的规矩，误以为曹军真的斩首数目就是七万多，以讹传讹，所以在此特作说明。

汉末魏初这二十余年间，天下干戈扰攘，攻伐不断。但是，在大大小小数以百计的战争中，真正能够对历史格局和走向起决定性作用者，当推官渡、赤壁和猇亭三大战役。首先爆发的官渡之战，决定了由曹操而不是袁绍，来统一中国的北方。此后，爆发于建安十三年（208）的赤壁（在今湖北省赤壁市西北）之战，则把曹操的势力限制在长江以北，从而使三分鼎立之局初步奠定基础。最后，爆发于魏文帝黄初三年（222）的猇亭（在今湖北省宜昌市猇亭区）之战，则把蜀、吴两国的共同边界固定在三峡一线，三分局面至此完全形成。由此可见，从东汉末年群雄割据的纷乱局面演化为三国鼎立，实由官渡之战开其端绪。

若从用兵之道来观察，官渡、赤壁、猇亭三大战还有以下一些有趣的共同之点。其一，是三大战中败北者，均为主动发起战争者，如袁绍，如曹操，如刘备；获胜者均为被迫迎战后发制人者，如曹操，如周瑜和刘备，如陆逊。其二，是三大战中败北者，又均为对战双方主帅中的年长者，如袁绍年长于曹操，曹操年长于周瑜和刘备，刘备年长于陆逊。其三,是三大战中的胜利者,又都是交战双方中兵力数量上较弱者,曹操、周瑜、陆逊都是如此。以弱胜强,乃是共同特色。其四,是三大战中获胜者,皆用火攻奏凯,曹操用火烧粮,周瑜用火烧船,而陆逊则用火烧营寨。因此,我们可以形象地总结说,三国鼎立之局,是一批后发制人而以弱胜强的青年英雄,运用三把大火烧出来的!

曹操在官渡放了第一把火后,乘胜北进,追击袁绍。雄踞四州的袁本初,已经距其末日不远了。这正是:

十万雄兵遭惨败,中原主宰看曹操。

要知道袁绍官渡惨败之后,曹操还能让他苟延残喘到几时,请看下文分解。

一七　邺城末日

东汉献帝建安五年(200)十月上旬,从官渡狼狈逃出的袁绍父子,渡过黄河,到达冀州南大门黎阳县(今河南省浚县东)地界。

虽说已经踏上了冀州的州境,袁绍父子依然惊魂未定。不仅因为后面有曹操的追兵,黄河之上还有敌军的巡逻船只,更主要是因为袁军大败的消息传开后,冀州不少城邑的官长纷纷倒戈投靠曹操。如果黎阳地界忽然杀出一彪人马,要把袁绍弄到曹操军前去献功,那将如何是好?袁绍瞅见随身侍卫中,有人身上还带着那根准备捆绑曹操的三尺短绳,他心里不禁打了一个寒噤:这绳索莫非是我自己给自己预备的?

远远望见黎阳城南郊有一片营垒,一面大牙旗正在高高的杆顶迎风飘扬,袁绍知道:黎阳留守军的大营到了。

黎阳留守军约有三四千人马,其领兵将军姓蒋,名义渠,乃是袁绍麾下一员列于二三流的统兵官。要是在官渡之战前,这位蒋义渠将军在袁绍眼里只能算是一个区区小人物。但是现在,区区小人物却变成袁绍命运的主宰者了。

袁绍一行又饥又乏,不能不到蒋军大营中去休整一番。但是,万一蒋义渠想把袁绍绑到曹营去换高官厚爵呢?到了这时,袁绍觉得也只有听天由命了,于是数百残兵败将,径向那座大军营驰去。

蒋义渠平素虽未受袁绍的特别提携和照顾,然而在此关键时刻,却一点未生异心。他一听说主公大驾回还,赶忙出营迎接。他把袁绍迎至自己的大帐安息,刚到帐门之外,袁绍就一把抓住他的手说道:"我的性命就完全付托于将军了!"

叱咤风云的汉室大将军,说出如此可怜的话来,蒋义渠不由得心中一阵发酸。他只慨然吐出几个字:"主公勿忧!"

当下蒋义渠便移居到另外一处营帐中居住,并把全军的指挥权拱手交给袁绍。到了这时,袁绍父子那惊扰不定之心,才算完全镇静下来。他在黎阳略事休息后,随即起程回转邺城。

他回到邺城之后,从陆续逃回的部属口中,听到了沮授被杀的消息。

原来,当袁绍夺路北逃时,沮授也随着动身。可惜他慢了一步,在途中被追兵赶上,遂被生擒活捉。

曹操与沮授有故旧之谊,而且对其才智相当钦佩。所以当兵士们把沮授押到曹操面前时,一贯爱才的曹操,立即令手下为其松绑,亲切地说:"地域分隔,久未谋面,不想今日竟得相见!"

沮授从容答道:"袁公失策,自取破败。授智力交困,当然应该成为俘虏。"

曹操见对方语气温和,马上好言安抚道:"本初无谋,不用君言。今天下纷乱十有余年,国家未得安定,正当与君共图大业!"

沮授不想改换门庭,所以明确表示态度说:"授之叔父、老母、兄弟,俱在冀州,其生命悬于袁氏之手。今日被擒,唯愿速死,以保家门!"

曹操深受感动,不由得称赞道:"我若早能得君,何忧不能平定天下!"

当下曹操便下令赦免沮授,并以之为幕僚,给予优厚待遇。但是,沮授一得自由,即想逃回冀州。不幸其行动被人察觉,曹操只得把他处死。

沮授宁死也不愿背叛自己,袁绍心里多少有点不是滋味。但是,这种负疚之感旋即消失无余,代之而起的乃是一股强烈的恼怒。原来,他听到有人报告,说是关在监狱之中的田丰,正在嘲笑自己打了一个大败仗。

其实,这完全是旁人进的谗言。

袁绍当初临行前,曾把一再进谏的田丰丢监看管,待自己回来后再行发落。官渡大败的消息传来,有人就对田丰说道:"一切不出君之所料。此后君必备受主公重视了。"

殊不知对袁绍有深入了解的田丰,看法却与此完全不同。他仰天长叹一声,而后缓缓说道:"袁公外表宽宏而内心忌刻,不能体察我的忠诚。我多次以切直之言进谏,使之不快。如其大胜而喜,还可能宽恕我。今大败而恼怒,内忌必发,我已经不抱生存之望了!"

果不其然。袁绍回到邺城后,即对心腹谋士逢纪说道:"冀州之人听说我出师失利,都可能原谅同情我。唯有田丰,此前曾多次进谏而我不纳,其反应可能与众不同。我亦感到无颜见他。"

这逢纪素来与田丰不睦,马上顺着袁绍的心理进了一番谗言,他说:"田丰得知明公大军失利,曾在狱中拊掌大笑,喜其预料果然成为现实。"

袁绍不禁大为恼怒,切齿骂道:"我不用田丰之言,果然被他嘲笑!"

他也不去调查核实是否确有其事,当即下达一道密令,把田丰处死于监狱之中。

袁绍麾下这两位最为忠诚、最具谋略的智囊人物,就这样先后死于非命,令人慨叹不已。

杀了田丰,去了心病,袁绍这才调集一批人马,去扫荡冀州境内有心向曹的城池。到了当年的年底,这些城池渐次平定,从官渡逃散的将士亦纷纷来归。袁绍的元气虽然大受伤损,河北四州的统治秩序却是基本恢复宁静了。

不过,曹操不想让他有卷土重来的机会。

官渡大胜之后,曹操挥军北上跟踪追击袁绍,一直追到黄河南岸边方才停步。曹操倒是想打过黄河,到邺城去痛饮一番,可惜麾下将士疲劳已极,急需休整,再说自己的存粮也所剩不多了。

于是,曹操留下一部分军队守卫许都,自率主力军团取道东北,前往兖州东平国寿张县以西三十里,一处名叫安民(今山东省梁山县北)的地方去"就谷"。

所谓"就谷",就是把饥饿军队领到有积粮之地去吃饭,以人就粮,故称就谷。古代运输能力有限,以粮就人比较困难。所以在不必要以粮就人的情况下,统兵者往往以"就谷"的办法,来解决军粮供应问题。

曹操把主力军队领到安民就谷,一边吃饭,一边休整。但是,他到安民的目的还不止此。

打开历史地图即可看出:这安民在黄河南岸不远。其西北一百里多一点,有一处黄河渡口,名叫仓亭津(在今山东省阳谷县北)。仓亭是黄河下游之要津,位于延津东北约五百里。由此西渡黄河,向正西方向直去二百余里,便是袁绍的大本营邺城。曹操说是到安民来"就谷",眼睛却是瞄着河对面的袁绍。一旦他的将士吃饱喝足休息够了,就将从仓亭津西渡黄河,再给对方以迎头痛击。这就是曹操统领大军，老远跑到小小安民来就谷的深意所在。

转眼之间，又到了建安六年（201）的春天。此时的曹操忽然变了主意，准备领军南下进攻荆州。据史籍所言，他改主意的原因是"粮少，不足与河北相支，欲因绍新破，以其间击讨刘表"，但只要细心一想，就会看出他这只是托辞。试问，就近进攻新败之袁绍，都觉得军粮不足的话，远行千里奔向南方，去打那根基强固，"地方数千里，带甲十余万"的刘表，军粮不是更不够吃吗？事实上，曹操要想回师进攻荆州，其原因倒不在粮少，而在于担心南面的刘备，有可能借助刘表之力进袭许都。

刘备在官渡决战爆发之前离开了袁绍，再度领兵来到汝南郡（治所在今河南省平舆县北）一带，骚扰曹操后方。不久，他与汝南黄巾军首领龚都相联合，组成有数千兵马的联军，声势不小。曹操派遣骁将蔡阳，领兵前去清剿，反倒被打得落花流水，蔡阳本人也死于乱军之中。曹操素来认为刘备是非凡的雄才，而今其羽翼渐丰，且又在许都的肘腋之下频繁活动，这本已令曹操相当忧虑。而与刘备邻近的荆州牧刘表，新近又把拥护曹操的荆南诸郡一一平定，雄踞荆州七郡之地，麾下甲兵十余万。设若二刘合势，刘备在刘表的支持下进攻许都，那么刘姓天子岂不是要成为刘家人囊中之物？随着二刘势力扩张的消息不断传来，曹操在安民越来越坐不住，所以才有回师南下的念头。

如果曹操此时真的回师江、汉，与刘备甚至刘表打个一年半载的话，那袁绍即可完全恢复元气，其此后的命运亦会有所不同。可惜，袁绍东山再起的机会，被曹操首席谋士荀彧的一席话打消了。荀彧当时立即劝阻曹操说："今袁绍初败，大众离心，宜乘其困顿之时，一举消灭之。大军舍此而南伐荆州，如袁绍死灰复燃，乘虚攻我后背，则明公大事去矣！"

曹操认为荀彧的意见很有道理。但是,如果完全置南方的威胁于不顾,全力进攻河北,那也未免过于冒险。经过慎重考虑,他决定这么干:先对袁绍发动一次快速打击,使之在至少一年左右的时间里无法还手反攻;然后抓紧时间回师南下,荡平汝南的刘备,以解除后顾之忧;最后又掉转兵锋,大举进攻河北,彻底消灭袁绍势力。

建安六年(201)初夏四月,袁绍得到紧急报告,说是曹操的兵马已经从安民起程,直指仓亭渡口,意欲渡河西进。他大吃一惊,急忙率领最近才整编完毕的两三万部队,匆匆赶往仓亭津的西岸进行阻击。待他赶到仓亭渡口,曹军前锋已经突破河防,在西岸登陆。袁绍认为敌军渡河之时,正是发起进攻的最佳时机,《孙子·行军篇》不是说过么:"客绝水而来,勿迎之于水内,令半济而击之,利。"于是他立即遵照孙子老师的教导,下令猛攻渡河过来之敌,一场血战又在黄河之滨展开。

由残兵败将仓促整编而成的袁军,犹如一个大病初愈的衰弱之身;而大胜之后在安民大吃饱饭休养半年的曹军,则像一个精力旺盛的强健之躯。所以两军一接战,即使是"半济"的曹军先锋,也就是渡过河来的一半军队,也令袁绍兵马招架不住。眼看曹军主力不断登陆增援,取胜无望,袁军上下无不惊惶,很快便重演了官渡崩溃逃亡的一幕。

在弃军逃跑上已有经验的袁绍,此番溜得更加利索。他认定曹操将要进攻自己的大本营邺城,所以急着赶回去布置一切,必要时还得把家属往幽州方向转移。然而令他感到意外的是,渡河的曹军并未跟着自己的足迹追过来。他们在仓亭津西岸略作停留后,随即沿河西上,再转头南下,径回许都去了。

袁绍垂头丧气回转邺城大将军府邸,身体疲惫,心绪烦乱。在短短的半年间,自己竟然连连大败,官渡一战尚能与曹操抗衡多时,仓亭一战则近乎望风而逃,这简直使自己大将军的脸面扫地无存。他越想越羞惭又越气恼,一阵急火攻心,哇哇连吐几口鲜血,登时昏迷不省人事。

经过近一个时辰的抢救,袁绍终于从昏迷中苏醒转来。但是,他的身体和精神受此沉重打击,从此渐渐衰弱和颓丧,后来竟至于一病不起。

东汉末年的割据群雄,在历史的大舞台上各自表演一番后,又各自匆匆消逝不返。如果考究他们离开历史大舞台的方式,或者说通俗一点,是他们的死法,主要有两种:一种是凶死,即被他人杀死,这是起兵逐鹿而惨遭失败者的常见死法,如董卓、吕布、公孙瓒、公孙渊、张邈、桥瑁和刘虞等,就都是如此。另一种是善终,即自然生病而死,如曹操、刘表、陶谦、刘焉、张鲁,以及后来当了皇帝的刘备和孙权,都是患病而亡,他们不是逐鹿的成功者,便是在边远之地割据一方的军阀。在以上两种方式之外,还有一种既非凶死亦非善终,既非他杀亦非自然病故的特别死法,即极度气恼而呕血身亡,这就是俗间所谓的"气死"或"气杀"。

非常有趣的是,汉末割据群雄中,被气死的只有两人,而此两人还是同父异母兄弟,即袁术与袁绍。

前面说过,两年前袁术在淮南立足不住,一心想经过徐州去投袁绍。不料在徐州受到刘备和朱灵的堵截,只好回转淮南的寿春。当年六月,袁术部众开始断粮,连他本人的私厨之中,也只有麦屑三十斛而已。所谓的"麦屑",即小麦的皮屑,就是后世所说的麦麸皮。小麦颗粒经过石磨磨碎之后,用筛子分离出面粉,剩余下来的部分就是麦麸皮了。麦麸皮粗糙难以下咽,也难以消化,是饥饿缺粮时的充饥之物。时值盛暑,缺粮如此的袁术,竟然还想如往日一样饮两杯蜜糖水,但是厨下却没有蜂蜜。他独坐在暑热蒸腾的斗室之中,叹息许久,然后高声叫道:"我袁术竟到了如此地步么!"

叫声刚落,他便口吐鲜血不止,旋即倒在床榻之下,气绝身亡。

老弟气死在先,老兄继踵气昏死在后,这种现象恐非偶然,而有其必然原因。

若请一位医学家来分析,会认为二袁秉受了其父某些病态基因,形成支气管内血管壁的脆弱性,从而容易发生支气管咯血。但是我们如果从其家世出身来看,还可以找到另外一些非生理性的原因。

二袁出自当时海内第一名门,自幼锦衣玉食,养尊处优。这种过于豪侈舒适的家庭环境,不仅造成了他们性格中自视甚高以致把脸面尊荣看得极度重要的一面,而且还造成了他们性格中脆弱非常,因此难以经受外来打击的一面。即以袁绍而论,自其入仕以来,基本上都是遇到顺境,特别是起兵讨董之后更是如此。久而久之,他对人世间尚有逆境存在的常见之事已经忘怀,一旦碰上逆境更是不知所措,只知道痛惜自己的脸面而已。官渡和仓亭两战,他虽连遭失败,但是他此时仍然据有四州之地,其统治基础并未根本动摇。就地域之广阔和人口之众多来看,他依然列于割据群雄之首。如果要比处境的艰难,远的他比不上卧薪尝胆的勾践,近的他也比不上现时正在汝南一带打游击战的刘备。刘备起兵创业以来,十八年间,因受沉重打击而不得不投靠强者以寄人篱下,前后即有五次,其妻室儿女被人俘虏,前后亦有三次,真可谓屡起屡败,屡败屡起。不久他还要受到曹操的打击,使他不得不去荆州投靠刘表。就在这种情况下,他的意志依然坚强,雄心依然不减,到了四十七岁的头上,依然有慨叹髀肉复生之豪言壮语发出，从而请出诸葛亮，重新打出一片天下。反观袁绍，却是能伸而不能屈，能高而不能下，仅仅吃了两次败仗，便自觉无颜向人，以致自伤其身而不能起。说到底，本质上他还是纨绔子弟一个，算不得坚强无比百折不挠的创业英雄。

建安七年（202）仲夏，病骨支离的袁绍高卧楼头，一双失神的眼睛望着城北漳河的蜿蜒流水，心中却在回忆往昔的旧事。十二年前，也是在这漳河之滨，自己曾以关东联军盟主的身份，登坛歃血，引领天下各路兵马，讨伐国贼董卓，那场面是何等壮大，自己的声誉是何等崇高。而今漳河之水依旧，自己的一世英名却付诸东流，扫地无余。上天呀上天，你怎么对我袁绍如此严酷呢？想到这里，他不由得心情又一阵激动，顿时口中连吐鲜血，气绝身亡。这一天，是当年五月二十一日庚戌。他的终年，大约是虚岁四十九岁。

东汉末年割据群雄中，声名最高、势力最强的袁绍，终于从历史的大舞台上消失了。这正是：

　　虎踞四州成往事，高门盟主命归天。

要知道袁绍身亡之后，他的宝贝儿子们，能不能守住河北四州的偌大基业，请看下文分解。

一八　身死之后

对于袁绍之死,真正从内心感到悲伤者,并非其亲属或部下,而是河北四州的普通老百姓。史籍曾描绘当时民众的真实反应说:"绍为人政宽,百姓德之。河北士女莫不伤怨,市巷挥泪,如或丧亲。"

当时的语言中,将父亲或母亲简称为"亲"。因而上文所谓"丧亲",就是死了父亲或者母亲。袁绍虽然个性骄矜自用,为政却相当宽和,死后百姓哀痛,如丧考妣。东汉末年割据群雄之中,身亡之后能受到民众如此怀恩者,似乎还没有第二人。

但是,若把视线转到袁家内部,展现出来的又是另一番异常可怕的图景。

先看袁绍的妻室。他的原配嫡妻当时已经过世,除继室夫人刘氏之外,尚有宠妾五人。这刘氏平素对五位小妾恨之入骨,只不过怕惹丈夫动怒,才不敢对她们施加毒手。袁绍一死,刘氏想到的第一件事,就是出胸中积蓄多时之恶气。此时,丈夫的尸体仍在卧榻之上,尚未进行殡殓。刘氏也顾不得这些,先把五位如夫人召至密室之中,令仆役下手杀死。她还害怕五人的鬼魂到阴间后,又去迷惑袁绍,竟喝令仆役把五人的头发全都剃光,脸上均以墨色涂抹,"以毁其形"。为了替老母出气,刘氏的小儿子袁尚,又派兵前往五位如夫人的娘家,将其家属不分老幼病残全部诛杀。上百条无辜生命,就这样冤枉地成为袁绍的殉葬品。

妻妾相残过后,接着便是子嗣相争。争什么?争继承人的位置。袁绍的继室刘氏,生有三个儿子。长子袁谭,次子袁熙,幼子袁尚,均已成年。在中国古代,贵族男子往往有妻有妾,子嗣自然不少,但继承人的位置却只有一个。为了防止兄弟相争,所以古人便确立了选择继承人的原则,也就是俗话所说的游戏规则。游戏规则记载于儒家经典《左传·昭公二十六年》:"王后无嫡,则择立长,年均以德,德均以卜。"意思是说,首先看嫡妻是否有子。如果有子,且不止一人,那么就按年长优先的原则进行选择。如果无子,那就只能在多位侧室的子嗣中选择了,此时的原则是:先比年龄,年长者优先;年龄相同则比品德,德高者优先;年与德均相同,则比占卜结果,占卜结果好者优先。也就是说,选择继承人的标准是四个字,依次为嫡、长、德、卜。按照以上原则,作为嫡长子的袁谭,自然是无可争议的继承人,而且袁谭天资聪明,刚成年即出镇青州方面,有一定的行政才能,也能担当其父留下的职务。但是,事情的结果却是反面:袁谭的继承人位置被人夺走了。

俗语云:"皇帝爱长子,百姓爱幺儿。"皇帝爱长子者,因为长子是其继承人也。然而令人奇怪的是,东汉末年的割据群雄中,不少人却是爱长子的老弟胜过爱长子的。例如曹操爱曹植胜过爱曹丕,刘表爱刘琮胜过爱刘琦,孙权爱孙霸胜过爱孙和。袁绍也是如此,他爱小儿子袁尚,胜过爱长子袁谭。

袁尚长得姿容英俊,风度翩翩,从小就很得父母的欢心。刘氏心疼小儿子,屡屡向袁绍吹枕旁风,要丈夫立袁尚为继承人。袁绍也有此心,但他怕长子不服,于是便想出一个自以为妥当之极的办法来。

大约在汉献帝初平四年(193)前后,袁绍突然宣布:因考虑到兄长袁基全家被董卓诛杀,后嗣断绝,故决定以长子袁谭出继袁基之后,并以袁谭镇守东面的青州。袁绍的想法是,让袁谭出继袁基,袁谭得到了一个继承人的位置,而自己的位置则可改由袁尚继承,岂非两全其美么?所以他随即把袁谭打发到了青州,以免袁谭留在邺城与袁尚生事。

其实袁绍这个主意非常愚蠢。他因为自己当初也是出继伯父袁成从而摆脱了庶子身份得到了好处,所以把这套办法又用到长子身上,以为可以安抚袁谭之心。但是他没有想到,袁谭并非如自己是女奴的贱子,与袁尚乃是一母所生,而且还是大哥。而今出继伯父,继承的只是一个空名,丢掉的却是实实在在的权位,岂肯甘心?不肯甘心且又拥兵一方,此后袁谭不是要同其弟大动干戈么?沮授最先看出这方面的后患,所以当即劝阻袁绍说:"世间有云:万人逐兔,一人获之,余人皆止,因其已有归属之故也。而且立嗣择年长,年均以德,德均以卜,此乃古之典制。愿明公上思先代成败之诫,下思逐兔有归之理,召回长公子。如其不改,祸乱就将从此开始!"

袁绍马上为自己派袁谭出镇青州一事辩解道:"我是想让诸子各据一州,以比较他们的才能。"

为了证明自己所言非虚,袁绍又把次子袁熙派往北面的幽州、外甥高干派往西面的并州,唯独把小儿子袁尚留在身边。但是,他又不明确宣布自己的继承人就是袁尚。这种继承人不确定的状况,一直到他呕血身亡时亦未改变。

卧病的袁绍迟迟不定身后大事,麾下的部属暗中便分作拥兄派和拥弟派两帮。拥兄派的首领是郭图和辛评,而拥弟派的首领则是逢纪和审配。双方各为其主,竭智尽力,使得兄弟之争迅速扩大为朋党之争。

袁绍撒手西归,拥立新主成为第一急务。按照大多数部属的看法,新主应当是镇守青州的长公子袁谭无疑。而拥护袁尚的审配、逢纪,深知袁谭一旦得立,自己的日子难过,便假称袁绍临终有口头遗嘱,抢在奔丧的袁谭到达邺城之前,拥立袁尚继承其父大将军兼督冀、青、幽、并四州军事的宝座。

待到袁谭风尘仆仆赶至邺城,位置已被老弟夺去,他自然是气愤不已。不过,想到老父尸体尚未入土,再说邺城已然是三弟的势力范围,所以他并没有马上发作。一俟丧事办完,他就自请到冀州的南大门黎阳县镇守,以防曹军前来进攻。他的如意算盘是,我为你出守河防前线,你总得给我配备一支强大的军队。强兵在手,而邺城近在咫尺,一有机会,夺回宝座不是很容易吗?

但是,他的老弟早已提防到他这一手。袁尚送了大哥一个车骑将军的高级军职,以示优崇,至于兵马却给得不多。就是这少量的兵马,其指挥权也不完全属于袁谭,而要受随军前来的逢纪监督。袁谭再三请求增兵,均被袁尚拒绝,袁谭一怒之下便杀了逢纪,把指挥权完全夺在手中。

袁尚闻讯大怒,正要给兄长一点颜色看看,却没有料到曹操的大军开始渡过黄河,强攻黎阳。袁谭见势不妙,赶忙派人驰往邺城告急求援。袁尚此时也只好把收拾大哥的念头放在一旁,亲提数万精兵驰援黎阳。袁、曹两军自建安七年(202)九月,一直相持到次年的春天,依然不分胜负。

直到建安八年(203)二月,袁氏兄弟被曹操击败,只得放弃黎阳,退回邺城固守。曹操乘胜北进,追至邺城之下。袁尚突出奇兵袭击曹军得手,曹操攻势受挫,赶忙召集幕僚商讨对策。

此时,曹操手下最杰出的谋臣郭嘉,给其主公进献了一条缓兵待变之计。这郭嘉字奉孝,乃豫州颍川郡阳翟县(今河南省禹州市)人氏。他当初本想在袁绍手下效劳,因见袁绍其人不好辅佐,且其手下谋士太多难以崭露头角,故而改投势力尚弱的曹操。一到曹操麾下,郭嘉奇谋迭出,很快就成为曹操最得力的谋臣,而与荀彧、荀攸等比肩等列。曹操曾经感叹赞美说:"唯奉孝为能知孤意!"可见其受信任之深。当下郭嘉从容说道:"袁谭、袁尚兄弟,各有羽翼,争位方始。今攻之太急,则促使二人同心并力与我相持;若暂缓不攻,二人必自相残杀。为今之计,不如回军南向,故作攻取荆州,以待其变;内乱生而后击之,一举可定!"

曹操听了,不禁大喜,连连称善,立即传令回军。五月,曹操回到许都,略作休整后又提兵南下。他缓缓走出二百里地,到达与荆州接壤的豫州汝南部郡西平县(今河南省舞阳县东南)境内后,便驻马不前,静候二袁相争的消息。

果不出郭嘉所料,曹军刚一撤退,袁氏兄弟便在邺城大打出手。先是袁谭向老弟请兵去追击曹操,他陈述理由道:"我手下精兵太少,故而不久前在黎阳受挫。现今曹军失利,士卒思归,趁其尚未南渡黄河,出兵掩袭,必可大胜。机不可失,时不再来,我愿领兵出击!"

袁尚心想:你老兄总是找些理由来向我要兵要将,且不说现时拨了精兵你是否会马上用来打我,就是你真的用来打曹操,打败了是折损我的兵将,打胜了是长你的威风,横竖都是我吃亏,我岂能做这样的傻事?于是,他既不给大哥添兵,也不派兄长出击,干脆来一个置之不理。

袁谭要兵不成,不禁勃然大怒。此时郭图、辛评等追随左右的谋士,又来火上浇油,他们对袁谭告密说:"将军本是先公的嫡长子,而使先公决定以将军出继者,皆是审配等人屡进谗言的结果。"

提起出继一事,袁谭更是怒气勃生,不可抑止。当下他便点起麾下人马,杀向袁尚所居的大将军府。袁尚早有防备,马上下令部属还击。一对同胞兄弟,就在亡父生母的面前兵戎相见,大打出手,都恨不得把对方置于死地,早把那温柔敦厚的经学世家门风抛到九霄云外去了。古人曾说过:"君子之泽,五世而斩。"意思是贵族人家的好传统,传到第五代就会断绝无余。诚哉斯言。

从此二袁兄弟便撕破了脸面。袁谭兵少不敌,在邺城外门一战大败,只得连夜逃回自己的根据地,即冀州勃海郡南皮县。他一到南皮,即调集兵马准备反攻袁尚,此刻有一位正直明智的幕僚王修,向他诚恳进言道:"兄弟者,如人之左右手也。如果弃兄弟而不亲,普天之下还有什么人可亲呢?今有小人从中挑拨离间,以谋私利,万勿听其谗言。如果能杀佞臣数人,兄弟重新亲睦,必可制服四方,横行天下!"

袁谭根本听不进王修的忠言。他正要提兵进攻邺城,不料老弟袁尚已领大军杀到城下,他只得凭城固守。数日之后,形势危急,袁谭无可奈何,只得溃围而出,南奔三百里,逃往青州平原郡的平原县(今山东省平原县南)。

袁尚跟踪追击,又把袁谭围在平原城中。走投无路的袁谭,竟听郭图之言,派人去向敌人曹操求救。古语云:"兄弟阋于墙,而外御其侮。"兄弟们虽然在家门内打斗,可是一旦遇到外面势力的欺侮,却会马上共同抵御。如今袁谭一反常理,反而引狼入室以求自保,袁氏势力便进入了迅速崩溃的阶段。

当袁谭的求救使者到达西平县时,一直在翘首企盼二袁相争消息的曹操,竟然对形势变得对自己如此有利而产生了怀疑。他怀疑二袁是在用计诱敌深入,故而迟迟不采取行动,倒把求救的使者急得如热锅上的蚂蚁一般。

前来搬救兵的使者姓辛名毗,字佐治,也是豫州颍川郡阳翟县人氏,与曹操的谋臣郭嘉乃是同乡。曹操迟疑不决,辛毗只好央求郭嘉从中帮忙。郭嘉认为袁谭求救无诈,力劝曹操出兵以收渔人之利。曹操始终有点不放心,便把辛毗叫到面前问道:"袁将军求救之事真的可信么?"

辛毗也善于言辞,他立即诚诚恳恳地答道:"明公无须考虑此事是真是诈,只消直接以情势论之即可得到答案。袁氏兄弟相争,最初两人都以为外人不会插手其间,只要消灭吞并了对方,即可进而平定天下。现今已走到向明公求援之地步,其处境究竟如何,不是可想而知么?"

接下来辛毗又乘机进谏曹操,在打败袁尚后进取河北四州之地,好似他不是袁谭派来搬救兵的特使,而是改换门庭前来投奔曹操的智士一般。二袁前景不妙,辛毗已经在为自己安排后路了。

辛毗一席话,说得曹操疑虑全消。初冬十月,曹军大举北渡黄河,摆出一副要踏平邺城的模样,以探对方虚实。袁尚得知消息,赶忙从平原撤军回邺城。袁谭趁机在后面追击一番,以出胸中恶气,这也不必细说。

经过此次实际试探,曹操心中完全有了底。他决定先稳住袁谭,同时抓紧时间,作全力进攻邺城的战前准备。当月,曹操派出媒人到平原下聘,为自己的儿子曹整订婚,女方就是袁谭的宝贝女儿。使者出发后,曹操立刻领兵回许都,开始备战并窥测时机。

建安九年(204)春正月,曹操经过充分准备后,再度挥师北上,渡过黄河，有心一举攻占邺城。他来到黎阳即止军不前，全力先行打通粮道。当时从黎阳深入冀州内地，主要依靠陆路的人畜力量运输，相当艰难吃力。曹操决心开通一条水路，以更加省力便捷的舟船通粮运。在黎阳城西，有一条南北流向的小河流，其南端的源头，接近淇水向南入黄河的水口处，然后向北流入冀州内地。曹军在淇水的水口，以横断面为方形的大木桩，类似于后世的铁路枕木，成排打入河道之中，硬是把淇水阻遏之后反流到这条小河之内，使之形成一条水量充沛的河道，这就是当时河北水运著名的主干线——白沟。而打入方形大木桩的地方，则被叫做枋头，后来变为兵家重视的军事要津。

兵马未动，粮草先行。曹军在冀州的南大门全力打通粮道，其意欲何为，恐怕连普通的老百姓也很清楚。但是，情有多深，仇也有多深。就在大敌当前之时，袁尚仍然把打击兄长放在压倒一切的首要位置。暮春二月，袁尚留审配守邺城，自率精兵再次前往东北五百里外的平原，进攻袁谭去了。

此时正是桃花水发之际，白沟粮道帆樯如林，通行无阻，所以袁尚前脚刚走，在黎阳的曹操立即挥兵北进，大举猛攻。当月，曹军数万人马将邺城团团围定，起土山，挖地道，开始了长达五个月之久的邺城攻坚战。

仲夏五月，曹操在邺城周围挖掘四十里深沟，引漳水灌城，城中军民病饿而死者过半。如此危急的时刻，袁尚依然在平原猛攻大哥不止。直到初秋七月，袁尚在平原打得精疲力竭仍然未能得手，而邺城又危如累卵之时，他才抽调了一万多人马回援冀州。不料他刚刚在城西十七里处的滏水岸畔扎下营寨，就遭到曹军的迎头痛击，两战两败，部众彻底瓦解。袁尚侥幸逃脱，率领少数残兵败将，仓皇逃往正北六百里外的冀州中山国(治所在今河北省定州市)一带。

袁尚北逃,曹操立即加紧围攻邺城。八月初二日戊寅,曹军破城而入。经过激烈的巷战,审配等人被活捉,守城军民大部分死于屠刀之下。作为袁氏大本营的邺城,至此落入曹操的手中,而国色天香的袁绍二儿媳妇甄氏,则成为曹操次子曹丕的战利品,后来生下了曹魏皇朝的魏明帝曹叡。

曹操得了邺城,马上开始收揽贤才,安抚百姓,并且自兼冀州牧。为了笼络人心,他还特地到城郊袁绍墓地上去哭吊一番,又把袁家财物原封不动退还。自此之后,曹操即把邺城作为自己政治活动的中心全力经营,而汉献帝所在的许都,反倒变为摆设和陪衬了。

邺城及冀州大部丧失之后,袁氏兄弟即成无根之木、无源之水,两三年间迅速灭亡。

建安十年(205)春正月,曹操以大军围攻袁谭于南皮,袁谭势孤不敌,临阵被杀,曹操取得青州。对于袁谭手下的河北名士,曹操尽力礼聘任用,唯独对郭图及其家属却是尽诛不赦。奸佞小人郭图,倒是活该遭受如此下场;只是可怜他的家属,冤枉成为陪死之鬼。

建安十一年(206)春三月,曹操亲领兵马攻破并州要塞壶关(在今山西省壶关县北),斩杀高干,取得并州。

建安十二年(207)夏,曹操因袁尚、袁熙弟兄同奔塞外,投靠势力强大的乌桓族单于,屡屡入塞侵扰边民,便亲率大军跋涉千里,出塞进攻乌桓。八月,曹军取道卢龙塞(在今河北省喜峰口一带),直指乌桓族武装力量的大本营柳城(今辽宁省朝阳市西南)。中途在白狼山(在今辽宁省建平县西北)与乌桓主力军团相遇,一战破敌,斩乌桓军统帅蹋顿,俘虏胡、汉军民二十余万人。混乱之中,袁氏兄弟再次逃脱,狼狈东奔,去投靠幽州辽东郡(治所在今辽宁省辽阳市)太守公孙康。十一月,公孙康杀死二袁,将其首级送呈曹操邀功。曹操下令悬挂袁尚首级于邺城之马市示众。雄踞河北长达十六年之久的袁绍父子,即以这颗血淋淋的人头,向世人宣告自己命运的终结。

原本可由袁绍来统一的黄河中下游八州之地,现在被曹操纳入其势力范围。次年,也就是建安十三年(208),曹操开始着手经营南方,由此爆发了奠定三分鼎立局面基础的赤壁(在今湖北省赤壁市西北)之战。

老演员已谢幕,新演员正登场。在中国历史的大舞台上,又一出群英荟萃的精彩戏剧开始了。这正是:

袁曹争战收金鼓,赤壁群英又上场。

袁绍传至此结束,如果意犹未尽,请看本系列其他作品。

附录一　袁绍生平大事年表

公元	干支	帝王年号	史　实
154	甲午	东汉桓帝永兴二年	袁绍约在此年出生,虚岁一岁。生父袁逢,字周阳。生母为袁逢婢女,出身卑微。袁绍出生不久,即出继袁逢长兄袁成为子。袁成字文开,早卒无子,故而袁逢以绍继其后。
173	癸丑	灵帝熹平二年	二十岁左右。以郎官出任濮阳县长。在任期间,因出继之母病故而去官还乡,服丧三年。期满,又为出继之父袁成追行丧服三年。六年服丧期满,乃移家洛阳,散财养客,与张邈、何颙、许攸、曹操等人结为奔走之友。以交结朋党而又不应三公辟命,受到当权宦官注意。叔父袁隗责之,绍终不改。
184	甲子	中平元年	三十一岁左右。应大将军何进辟,为大将军府幕僚。不久以表现出色得任侍御史,迁虎贲中郎将。
188	戊辰	五年	秋八月,朝廷初置禁卫军西园八校尉,以小黄门蹇硕任上军校尉,为元帅。又以袁绍为中军校尉,曹操为典军校尉。

续表

公元	干支	帝王年号	史实
189	己巳	六年	四月,灵帝死,少帝刘辩立,何进以帝舅身份辅政,袁绍向何进建议尽诛宦官。因何太后不从,袁绍又请召董卓等人,率外兵入京以胁太后,董卓之乱自此发端。何进以袁绍为司隶校尉,司察宦者。 八月,何进被宦官暗杀,袁绍起兵围皇宫,捕杀宦官二千余人。宦官首领张让等于二十七日庚午劫持少帝及帝弟陈留王刘协,出宫北奔小平津。尚书卢植率兵追至黄河,尽杀宦官,卫帝还城。次日,袁绍随公卿百官迎帝于北芒山下,董卓亦引兵来会。鲍信劝袁绍当场诛董卓,绍畏卓而不敢发。董卓入城,杀丁原,夺其兵,又收何进部众,势力大盛,乃自任司空,并提议废黜少帝,改立帝弟刘协。袁绍反对其议,悬节出京,潜往兖、冀二州,与关东州郡长官密谋起兵讨伐董卓。九月,董卓废少帝,立刘协,是为献帝。卓从伍琼等人之言,赦袁绍,以之为勃海郡太守,封邟乡侯。
190	庚午	献帝初平元年	春正月,关东诸州郡起兵声讨董卓,公推袁绍为盟主。绍与王匡屯河内,袁术屯南阳,韩馥屯邺,余军皆屯酸枣。二月,董卓迁都长安。三月,董卓杀袁绍在京亲属五十余人。联军十余万,皆畏敌不前,诸将日置酒高会。

公元	干支	帝王年号	史　实
191	辛未	二年	春正月,袁绍等人欲立幽州牧刘虞为帝,其弟袁术反对,刘虞亦坚辞不受,遂止。四月,董卓被袁术部将孙坚击败,乃放弃洛阳退往长安,从此关东诸军开始拥兵割据自相残杀。七月,袁绍借公孙瓒之力,逼冀州牧韩馥让位,夺得冀州。绍又遣部将周昂抢夺孙坚辖地,交战中杀死公孙瓒之弟。公孙瓒怒,乃出兵攻袁绍,双方连兵不解。
192	壬申	三年	春,袁绍与公孙瓒大战于界桥,大破瓒军,瓒败奔勃海。四月,王允、吕布谋杀董卓于长安。五月,董卓部将攻入长安,杀王允,吕布出逃。十二月,曹操大破青州黄巾,得降卒三十万,势力大振,遂有"奉天子以令不臣"之意。
193	癸酉	四年	四十岁左右。春,以长子袁谭领兵攻取青州。朝廷派太仆赵岐调解关东州郡纷争,公孙瓒致书朝廷求和,绍引军南归。三月,至薄落津,闻朝廷遣军会同黑山军攻陷邺城。六月,绍自朝歌鹿肠山北上,连破黑山军营屯,收复邺城。吕布意存不满,求去,绍遣刺客暗杀布,未果。
194	甲戌	兴平元年	绍攻公孙瓒,瓒筑易京居之,以观天下之变。

续 表

公元	干支	帝王年号	史 实
195	乙亥	二年	七月,献帝思念旧京,离长安东行。十二月,渡河至安邑。是时,沮授劝绍迎天子至邺,"挟天子而令诸侯,畜士马以讨不庭",绍不从。曹操攻张超于雍丘,臧洪为张超求救于袁绍。是时"袁曹方睦",绍不救,洪遂与绍绝。绍怒,攻洪于东郡,历年不下。
196	丙子	建安元年	七月,献帝回洛阳,食住困窘。曹操在许县谋迎天子,将兵入京。八月,曹操移献帝到临时首都许县,自任大将军,录尚书事,执掌朝政。九月,献帝下诏,责备袁绍"地广兵多而专自树党,不闻勤王之师,但擅相攻伐"。时绍方破东郡,杀臧洪,得诏书后即上表为己辩解。十一月,朝廷以袁绍为太尉,绍耻位在曹操之下,不受。操遂以大将军让绍,自任司空总揽朝政。
197	丁丑	二年	春,袁绍与曹操书,辞语骄慢。时操方败于穰县,三月,乃遣使至邺,拜袁绍为大将军,兼督冀、青、幽、并四州,以安其意。同时又正式任命袁绍长子袁谭为青州刺史。
198	戊寅	三年	春,曹操再攻张绣于穰。田丰劝袁绍乘虚袭许县,绍不从。绍连年攻公孙瓒,不能克,乃以书喻之,欲释憾连和,瓒拒之。绍怒,大兴兵攻瓒,围易京。

续 表

公元	干支	帝王年号	史 实
199	己卯	四年	春,袁绍攻破易京,杀公孙瓒,据有河北四州之地。时绍有称帝之意,以群僚反对而不果。秋,袁绍决心起兵十万,骑一万,南攻许都,沮授等人谏之,并进"缓搏"之计,绍不从,遣人招张绣,结刘表,连刘备,扰动汝南。
200	庚辰	五年	正月,曹操自击刘备于徐州,田丰劝袁绍急攻许都,绍不从。徐州破,刘备来奔,绍出邺城二百里亲迎。同月,袁绍移檄州郡,历数曹操罪恶,兴兵南下。二月,绍至黎阳,遣颜良渡河攻白马。四月,曹操自官渡东救白马,杀颜良,徙其军民及辎重回官渡。绍渡河,立营于延津之南,追击曹军,再败,大将文丑被杀。七月,袁绍进军阳武,并遣刘备至汝南连结刘表。八月,袁绍进军官渡,与曹军相持。十月,袁军乌巢粮队被敌袭击,全部存粮被焚毁;袁绍大将张郃、高览率众投敌,袁军大溃。绍与子谭北逃,渡河回冀州。绍出兵平定冀州城邑投降曹操者,并杀田丰。
201	辛巳	六年	四月,曹操自安民扬兵河上。袁绍再败于仓亭津,惭愤发病呕血。
202	壬午	七年	四十九岁左右。五月二十一日庚戌,袁绍呕血而死,少子袁熙继承其权位。长子袁谭争位不得,出屯黎阳。九月,曹操攻黎阳,袁尚自邺来救。

续 表

公元	干支	帝王年号	史 实
203	癸未	八年	二月,袁谭、袁尚败,退守邺城。四月,操追至邺县,战不利,从郭嘉计,回军南向。五月,曹军退,袁谭攻袁尚,败,引兵还南皮。八月,袁尚攻袁谭于南皮,谭大败,逃奔平原。袁尚围平原,袁谭求救于曹操。十月,操至黎阳,将攻邺,尚乃解围而还。
204	甲申	九年	二月,袁尚再攻袁谭于平原,曹操兴大兵攻邺县。七月,尚还军救邺,大败,北奔中山。八月,曹操攻破邺城。九月,曹操自任冀州牧。十二月,操攻袁谭,谭自平原奔南皮。
205	乙酉	十年	正月,曹操破南皮,杀袁谭,得青州。
206	丙戌	十一年	正月,曹操击高干于并州。三月,杀高干,得并州。
207	丁亥	十二年	夏,曹操出塞击乌桓及袁尚、袁熙余众。八月,曹军大破乌桓于白狼山,二袁逃奔辽东投公孙康。十一月,公孙康杀袁尚、袁熙,以其首献曹操,幽州平。至此,曹操统一了黄河中下游八州之地,袁氏势力完全消灭。

作者按:关于袁绍生年,史无明文记载。史文仅记其卒年,但又不言其死时年龄。因此,袁绍究竟生于何年,已无法确知。史载汉献帝建安八年(203),曹操曾为儿子曹整聘袁绍长子袁谭之女为妻,袁谭随即送女至曹营完婚。虽说古人结婚早,此时袁女至少应有十四岁左右。如袁谭十八岁得此女,而袁绍十八岁得袁谭,则袁绍若不死,此年当有五十岁不止。据此,袁绍生年当不晚于公元154年,比生于公元155年的曹操年长一点。在本年表中,即以公元154年作为袁绍的假定生年,从而标明其大约年龄。特此说明。

附录二　三国小百科·人物篇

曹操

"治世之能臣,乱世之奸雄",这两句流传后世的曹操评语,其实是有问题的。首先是出处不一,《三国志》裴注引孙盛《异同杂语》,说出自许劭之口;而刘义庆《世说新语》,又说出自乔玄之口。其次,《异同杂语》和《世说新语》,都被《隋书·经籍志》列为"小说"一类,即街谈巷语性质,追求生动奇特,而不一定准确真实。其实,《后汉书·许劭传》还有另一种版本,即精于人物品评的许劭,评价曹操为"清平之奸贼,乱世之英雄",这是正史记载,可信度更高。汤用彤先生曾引用这一版本说:天下大乱,平乱端靠英雄,当时豪俊多以创业英雄自许,曹操更是如此,所以听了才会大悦。汤先生不愧大家,目光如炬。另外,许劭其实尚有言外之意,就是当下已成乱世,正是你曹孟德大展英雄身手的绝佳时机,赶快动手,不要再等。高度评价不说,而且指点鼓励,曹操才会那么满心欢喜。总之,"乱世英雄"才是正解,"乱世奸雄"应为误说,可以休矣。

杨修

有种说法流传很广,即杨修被杀,是因为他对"鸡肋"的解释,触及曹操忌才之心。其实,此说并未点准穴位。正史记载杨修的死因有四条:颇有才策、漏泄言教、交关诸侯和袁氏之甥。颇有才策,未必会有杀身之祸,因为曹操手下杰出才智之士甚多,并非一律招致忌恨打击。漏泄言教,即泄漏曹操的口头谈话和文件指示,史文并无确证。即便如"鸡肋"一事,曹操既已亲口说出,泄密源头也是他自己而非杨修。交关诸侯,即与曹操的子嗣交往密切,也非杨修一人如此。如丁仪、丁廙兄弟,就与曹植关系极其亲密,并未招致曹操的打击。其实,杨修死因的真正关键,还在袁氏之甥这一条。杨修出自弘农杨氏,乃东汉顶级名门,政治影响极大。杨修之父杨彪,历任三公,忠于汉室,又娶袁术的姐或妹为妻,故杨修是袁术外甥。汝南袁氏也是顶级名门,四代三公,门生故吏遍天下,与杨氏并称"东京袁杨"。杨氏和袁氏,是当时清流士大夫集团权威代表。这一集团忠于汉室,反对宦官,以社会良知和道德正统自命。由于特殊的家世背景,杨家与曹操结下深刻的恩怨情仇。当初曹操刚刚将汉献帝接来许县,准备"挟天子以令诸侯"时,因为杨彪是在献帝身边长期忠心侍从的名臣,在朝堂上又对自己面色严峻,害怕杨彪谋害自己,立即将杨彪免职。不久,又借故杨彪与僭逆称帝于淮南的袁术是亲家,想以大逆不道之罪铲除杨彪,只是因为朝廷群臣纷纷尽力援救,曹操当时羽翼也尚未丰满,故将杨彪放过。而杨彪看到曹操野心逐渐显露,汉朝气数将尽,断然称病不出,拒绝给曹操捧场,长达十年。在曹操眼里,以杨家为代表的这股正统政治势力,不仅与自己宦官家世有深刻的历史旧恨,更是自己取代汉室创建新朝的巨大现实阻碍。于是在分化瓦解的同时,又选择其中顽固派的代表杀一儆百,孔融、荀彧、崔琰、毛玠,先后就被诛杀和废黜。在此特殊政治情势之下,杨修的自炫才策、漏泄言教、交关诸侯等等行为,在曹操眼中看来,都绝非偶然的个人行为,而是在其父支使之下,带有特殊政治意图的集团性举动,其意图就是散播不安定的种子,在自己子嗣之间制造对立,为振兴汉室做远期准备。既然你杨彪年老称病退出政坛,不方便杀,那就杀你正在充当我下属的儿子,难道还找不到理由?这样一来,言行不慎的杨修,面前就只有死路一条。

总之,杨修之死,要害还在他特殊的家世背景,特别是其父杨彪与曹操无法调和的政治冲突。用正史的话来表达,就是"袁氏之甥"四字。说他死于"鸡肋",就太肤浅了。

诸葛亮与嵇康

诸葛亮被誉为"卧龙",众所周知。卧龙者,等待时机飞腾九天之杰出人才也。但是,三国还有一位杰出人物,也被誉为"卧龙",就是曹魏末期的嵇康。将史籍记载的嵇康与诸葛亮相比较,竟有多处相似:

家境:都很早失去父亲,家庭不富裕,从小面临生存压力。

经历:都有山林情结,诸葛亮曾在隆中隐居,嵇康则是"竹林七贤"中人。

外貌:都身材修长风度潇洒,诸葛亮身长八尺,嵇康身长七尺八寸。

性格:诸葛亮淡泊宁静,嵇康也恬静寡欲。

爱好:都有音乐情趣,诸葛亮爱吟唱《梁父吟》,嵇康喜弹奏《广陵散》。

擅长:都是文章高手,诸葛亮《出师表》慷慨悲壮,千秋传诵令人洒泪;嵇康《与山巨源绝交书》文情并茂,一代名篇傲视当时。

要是二人有缘相遇,堪称珠联璧合,相映生辉。然而不幸的是,两人的生死结局却大不相同。孔明受明主知遇,出将入相,得以充分施展抱负和才能；而嵇康却遭当政者的忌恨，即便隐遁山林，依然逃不脱迫害，最后被司马昭斩首于洛阳东市，年仅四十岁。

命运何以相去天渊？所处时代不同，是主要原因。孔明处于三国之头，正是东汉王朝崩溃而群雄割据之时。群雄为了生存壮大，必须选贤用能。孔明遇到求贤若渴的刘备，自然会留下"三顾草庐"的佳话。反观嵇康，生不逢时，正好处于三国之尾，那是政治格局已经稳定的时代，牢固掌控权力并且准备终结曹魏的司马昭，没有生存壮大的压力，只有清除异己的谋划。此时越是经邦治国的大才，越是会受到当政者的特别注意，而这样的大才如果再有"反侧"之心，更是会遭到残酷的打击。嵇康之死，就是这种时代产生的必然后果。

但如从文化价值的体现来观察，孔明和嵇康的结局，又有"异曲同工"的深长韵味。孔明鞠躬尽瘁，死而后已，壮志未酬，遗恨千古，体现完美事物存在缺陷的悲剧美。嵇康才情完备，志向高洁，横遭迫害，血溅刑场，也展示完美事物遭遇毁损的悲剧美。先哲曾说：悲剧就是将美好事物毁损给人看。孔明、嵇康两"卧龙"，就这样"毁损"在史册当中。而悲剧性的美感，又具有最能撼动人心的力量，难怪千载之下人们读到他们的史传和文章，依然会心灵感动，泪满衣襟。

马钧

曹魏宫廷官员马钧，是杰出的科技人才，先后造出已经失传的古代指南车、转动抽水灌溉的翻车等。最妙的是，经他一改进，魏明帝御前一套原本各自分离，而且固定不能动作的综艺表演木偶，全部可以和谐呼应完成各种灵活动作。舞女姿态翩翩，乐队击鼓吹箫，耍杂技的抛球掷剑、爬绳倒立。木偶都是自己从舞台后面出来，表演完毕又自己回到舞台后面，还能表演官员外出巡视，百姓舂米磨面、斗鸡取乐，真可谓变化多端。而所有的动力，都来自一套隐藏的木刻齿轮，暗中以水发动后，即可不停表演，完全称得上是中国最早的机器人组合。可惜在当时，科技被视为可有可无的"工巧"小技，马钧的杰出才能，并没有得到充分的发挥。

美女

三国最美丽的女性，并非名气极大的貂蝉，因为当时根本就没有名叫貂蝉的女性。就是芳名貂蝉的"貂"和"蝉"，也是当时皇帝侍从官员的两种冠帽饰品。详情见拙著《吕布传》，此不赘述。

当时实有其人的大美女，而且典籍文献中对其非凡容貌有明确记载者，有曹丕的甄皇后"颜色非凡"、"姿貌绝伦"，建安七子之一的刘桢，哪怕犯罪丢监也要正眼端详一饱眼福。司隶校尉冯方的女儿，即袁术的夫人，"国色也"。吕布下属秦宜禄的妻子杜氏，"有异色"，关羽急于要她，引起曹操的注意，先下手占为己有。曹魏宗族成员曹洪，女儿"有美色"，嫁给最看重女性美貌的玄学名士荀粲，恩爱无比，可惜婚后一年多，曹氏死亡，荀粲悲伤过度，也追随爱妻去了。曹魏的年轻皇帝曹芳，妃子邢氏有"美色"。刘表的下属桂阳太守赵范，其寡嫂樊氏"有国色"，赤壁战后赵云奉刘备之命攻占桂阳郡，赵范要将寡嫂献给赵云进行拉拢，一身正气的赵子龙断然拒绝。蜀汉臣僚刘琰之妻胡氏，"有美色"，正月初一进宫向皇太后贺新春，皇太后留她住了一个多月，回家后刘琰怀疑她与后主刘禅私通，命令勤务兵用鞋底扇她的脸，胡氏告官，刘琰为此竟丢了性命。桥公有二女，"皆国色也"。这对姊妹花，嫁给两大美男孙策、周瑜，还恩爱无比，真是难得一见的绝配。孙权步夫人，"美丽宠冠后庭"，可惜只生两个女儿，不然早当皇后了。

以上甄后、冯氏、杜氏、曹氏、邢氏、赵范寡嫂、胡氏、大桥、小桥、步氏,共十位女性,组成了真实存在的三国美女群体。

明智女性

三国的明智女性,光彩不让须眉,此处说两位。第一位是曹魏许允的妻子阮氏。阮氏贤惠明智,可惜容貌有欠缺。成婚当天,丈夫许允见面愕然,立即转身出了洞房。亲友邻居好不容易将他劝推进去,他又要走,阮氏非常淡定,上前拉住衣服挽留。他问:"妇女要有品性、言语、容貌、技能这四德,你具备几种?"阮氏反问:"士人要有百种品行,夫君又具备几种?"许允傲然答道:"全都具备!"阮氏立即追问:"很好。但是,士人的百种品行,是以道德为先。夫君好色而不好德,岂能说全都具备?"许允顿感羞惭,觉得妻子见识非凡,坐下来与之谈话,大为叹服,从此相互亲爱尊重。后来,她又在生死攸关的时刻,为丈夫,为儿子,正确指点处置办法,使家庭免于全部覆灭的大灾祸不说,还使后世昌盛平安。第二位是曹魏王经的母亲。王经当上郡太守,明智的老母教育他:"你是种田农民的后代,现今做到一郡的行政长官,也就足够了。人贵在知足,世间上的事情,太过分,就会招致不祥,你应当到此为止了!"然而仕宦心重的王经没有听从,继续在官场努力奔忙,最后做到司隶校尉时,果然被司马昭诛杀。

果敢女性

三国的果敢女性,光彩也不让须眉,此处也说两位。第一位是孙权三弟孙翊之妻徐氏。孙翊出任丹阳郡太守,被掌兵的副手妫览谋杀。妫览得手后,开始霸占孙翊的妻妾和财产。徐氏临危不乱,假意与之周旋:"再过几天就到月底,我请求在月尾那天,祭奠前夫后脱下丧服，好改穿吉祥服装，到那时就完全依你。"妠览大喜，连忙应允。徐氏立即暗中联络孙翊原来的忠实心腹将领，秘密布置。月底那天祭奠完毕，徐氏熏香沐浴，更换红妆，然后请妠览前来成其好事。徐氏出迎，趁其不备，高声发出信号。孙翊心腹将领一拥而出，当场斩杀妠览，然后召集兵马，彻底铲除反叛分子。徐氏重新换上丧服，率领众人，带上妠览头颅，到夫君墓前拜祭。消息传开，人人惊叹，传颂一时。第二位是曹魏西海太守庞淯的母亲赵娥。当初赵娥出嫁后，其父惨遭同县恶霸李寿杀害，凶手却买通官府，逍遥法外。赵娥三个弟弟发誓报仇，却不幸先后病死。李寿得知李家男丁全都死亡，设宴庆贺。赵娥得知，暗中购买长刀短刃，昼夜练武。后来在县城长街之上，赵娥成功砍杀李寿于路旁水沟之中，然后到县政府自首，最后得到特别的赦免。

俊男

三国真实的美男子，必须是典籍文献中，对其俊美长相有明确记载者。以此为准，割据幽州的公孙瓒"美姿貌"，算是。袁绍小儿子袁尚"貌美"，袁绍因为"奇其貌"，还想改立他为接班人，也算是。曹操能称大象体重的聪明儿子曹冲，"容貌姿美"，虽然十三岁死了，却是少年美男一位。曹操谋臣荀彧，"伟美"、"有貌"，祢衡说荀彧的美脸可以借给别人去吊丧，算一位。曹魏大臣何晏，"美姿仪，面至白"，虽然带女气，也算一位。曹魏竹林名士嵇康，"身长七尺八寸，风姿特秀"，也算一位。孙策"美姿颜"，因中箭破相而狂怒，当然算一位。孙吴的孙韶"身长八尺，仪貌都雅"，都者，美也，也算一位。周瑜"长壮有姿貌"，即又高大又俊美，肯定算一位。孙吴大将吕范"有容观姿貌"，他的富翁老丈人，因此顾不得吕家穷，顾不得自己妻子反对,硬将女儿许配给他,也要算一位。孙吴大将朱据"有姿貌膂力",所以孙权招他当女婿,算一位。孙吴大臣滕胤"为人白皙,威仪可观,见者无不叹赏",刚成人就被孙权招为女婿,也算一位。

　　以上公孙瓒、袁尚、曹冲、荀彧、何晏、嵇康、孙策、孙韶、周瑜、吕范、朱据、滕胤,共十二名男性,组成了三国真实的美男群体。